Aline Kurt

55 Geschichten für den Ethik- und Religionsunterricht

Mit Frageimpulsen zum Nach- und Weiterdenken

Verlag an der Ruhr

Impressum

Titel

55 Geschichten für den Ethik- und Religionsunterricht in der Grundschule

Mit Frageimpulsen zum Nach- und Weiterdenken

Autorin

Aline Kurt

Titelbildmotiv

© Monkey Business – Fotolia.com

Illustrationen/Fotos im Innenteil

Abb. wenn nicht anders angegeben: © Verlag an der Ruhr

Druckerei

Heenemann GmbH & Co. KG, Berlin, DE

Verlag an der Ruhr
Mülheim an der Ruhr
www.verlagruhr.de

Geeignet für die Klassen 1–4

ISBN 978-3-8346-3999-8

Inhaltsverzeichnis

Vorwort

Liebe Lehrer*,

kaum etwas vermag uns so sehr in den Bann zu ziehen wie lebendig erzählte Geschichten. Sie beflügeln unsere Fantasie, streicheln unsere Seele und bringen uns mit unterschiedlichen Themen in Berührung. Auch unsere Kinder sind für Geschichten zu begeistern, bringen sie doch neue Inspiration für das eigene Kopfkino.

Aus diesem Grund ist das folgende Buch entstanden. Damit möchte ich Sie und Ihre Schüler ein Stück weit auf Ihrer eigenen Reise begleiten. Sie finden hier traurige und heitere Geschichten, die allesamt zum Nachdenken anregen sollen. Dabei habe ich mich stets bemüht, die Themen der Rahmenpläne für die Fächer Religion und Ethik im Auge zu behalten und diese, soweit möglich, in die Geschichten mit einfließen zu lassen. Somit können Sie die Geschichten auch wunderbar als Einstieg in ein Thema vorlesen. Doch selbstverständlich können Sie alle Geschichten auch völlig eigenständig nutzen – so kann es z. B. zu einem kleinen Ritual werden, zu Beginn der Stunde eine der Geschichten zu lesen.

Einen genauen Überblick über die einzelnen Themen finden Sie auf den Übersichtsseiten 5–7. So können Sie sich rasch einen Überblick verschaffen, ohne lange suchen zu müssen.

Zu jeder Geschichte finden Sie übrigens weiterführende und vertiefende Fragen, die zu einem anschließenden Gespräch anregen sollen. Die Fragen sind in drei verschiedene Schwierigkeitsgrade – ? leicht, ? ? mittel und ? ? ? schwierig – eingeteilt. Daher wurde auch bewusst darauf verzichtet, die Geschichten einer bestimmten Altersgruppe zuzuordnen: Sie können somit von der 1. bis zur 4. Klasse eingesetzt werden und anhand der verschiedenen Schwierigkeitsgrade der Fragen kann eine Differenzierung entsprechend der Leistungsstärke erfolgen.

Nun wünsche ich Ihnen und Ihren Schülern mit meinen Geschichten unglaublich viel Freude, neue Erkenntnisse und Möglichkeiten der persönlichen Weiterentwicklung. Möge es Ihnen und den Kindern dabei von Herzen gut gehen.

Ihre Aline Kurt

* Aus Gründen der besseren Lesbarkeit haben wir in diesem Buch durchgehend die männliche Form verwendet. Natürlich sind damit auch immer Frauen und Mädchen gemeint, also Lehrerinnen, Schülerinnen etc.

Übersicht über alle Geschichten

Sie finden in diesem Buch 55 Geschichten zu den übergeordneten Themenbereichen „Ich und die anderen", „Gefühle", „Werte", „Rund ums Leben" sowie „Glaube, Feste und Bräuche".

Jede Geschichte greift hierbei unterschiedliche Aspekte des übergeordneten Themas auf. Damit Sie die Geschichten ganz gezielt auswählen können, erhalten Sie im Folgenden einen Überblick über alle Geschichten und die enthaltenen Themen.

Ich und die anderen

1 Oskar findet sich selbst

Gemeinsam mit seiner Familie steht Oskar inmitten einer grünen Weide und macht das, was alle machen: Er schaufelt genüsslich das satte Gras in sich hinein. Beschwingt schaut Oskar beim Kauen umher und zwinkert den anderen Tieren seiner Herde zu. „Ach, was ist das Leben fein", denkt der kleine Ziegenbock.
Plötzlich steht ein kleiner Junge am Zaun und zeigt auf Oskar. Eigentlich ist dies kein ungewöhnlicher Zustand. Ständig kommen kleine und große Menschen und beobachten die Tiere auf der Weide. Längst schon hat sich Oskar daran gewöhnt. Doch heute ist alles irgendwie anders.
„Mama, guck mal. Das Schaf hier sieht aber komisch aus. Es ist gar nicht so schön wie die anderen", schreit das Kind und fuchtelt mit dem Finger aufgeregt vor Oskars Nase herum.
„Das ist ja auch gar kein Schaf", erklärt die Mutter prompt. „Das ist eine Ziege."
„Und was will die Ziege bei den Schafen? Sie gehört doch gar nicht dazu", mault der kleine Junge und wendet sich von Oskar ab.
Oskar spürt, wie sich ein dicker Kloß in seinem Hals breitmacht. Die Worte des kleinen Jungen haben ihn sehr verletzt. Traurig entfernt sich der kleine Ziegenbock von der restlichen Herde. Als er etwas abseits steht und die anderen Tiere beobachtet, rattert es in Oskars Kopf. Die Gedanken fliegen so schnell, dass dem kleinen Ziegenbock davon ganz schwindelig wird. Er dachte immer, dass er zu den anderen Tieren gehören würde, dass sie alle eine große Familie seien. Und nun hört er plötzlich, dass er nicht schön wäre und gar nicht dazugehört.
Maja, das alte Mutterschaf, beobachtet Oskar schon eine ganze Weile. Sie hat die verletzenden Worte des kleinen Jungen gehört und macht sich auf den Weg zu Oskar. Dort angekommen, stupst sie den kleinen Ziegenbock liebevoll mit der Schnauze an.
„Oskar, lass dir nichts einreden. Du bist ein wichtiger Teil unserer Herde. Du siehst zwar anders aus als wir und verhältst dich manchmal auch anders, aber du bist wundervoll, so wie du bist. Weißt du noch, als du neulich auf den großen Steinhaufen geklettert bist und ganz verwundert warst, als niemand außer dir dort hochkam?", erinnert ihn Maja.
Oskar nickt. Oh ja, das war lustig, als die anderen ganz entsetzt geschaut haben.
„Siehst du. Wenn du keine Ziege wärst, könntest du auch nicht so toll klettern.
Und nun komm, die anderen suchen dich schon", erklärt Maja.
Folgsam wie ein Schaf und gar nicht stur wie eine Ziege folgt Oskar der weisen Maja.
Zurück in der Herde auf dem großen Hügel blickt er sich zufrieden um. Eigentlich ist es gar nicht so schlecht, eine Ziege inmitten der vielen Schafe zu sein.

Gesprächsleitfaden

Oskar findet sich selbst

Themen Ich-Identität entdecken, Selbstvertrauen stärken

Frageimpulse

? Was sagt der kleine Junge, als er Oskar bei den Schafen auf der Weide entdeckt? • Hast du schon mal Schafe/Ziegen gesehen? Wie sehen die Tiere aus? • Wie tröstet das Mutterschaf die kleine Ziege?

? ? Warum denkt der Junge, dass Oskar nicht zu den Schafen gehört? • Wie reagiert Oskar darauf? • Was meint das weise Schaf, wenn es zu Oskar sagt: „Oskar, lass dir nichts einreden. Du bist ein wichtiger Teil unserer Herde. Du siehst zwar anders aus als wir und verhältst dich manchmal auch anders, aber du bist wundervoll, so wie du bist."?

? ? ? Was kann Oskar, was die Schafe nicht können? • Hast du auch schon einmal das Gefühl gehabt, nicht zu wissen, wer du bist? Wie war das für dich? • Wie fühlt es sich für dich an, zu wissen, dass jeder auf seine Art einzigartig ist?

2 Neue Heimat

Amalia ist neu in der Klasse. Nein, eigentlich ist sie nicht nur neu in der Klasse, sondern auch neu in Deutschland. Ihre Familie ist nämlich aus Rumänien hierher gezogen. Und heute ist Amalias erster Schultag.

Mit großen Augen blickt Amalia ihre neuen Mitschüler an. Sie weiß nicht so recht, was die Kinder von ihr wollen. „Ob sie mich mögen?", fragt sich das Mädchen. „Oder lachen sie über mich?"
„Ey du, kannst du nicht reden oder was ist mit dir los?", fragt Torben nun schon zum zweiten Mal und ist dabei sichtlich ungehalten.
Vorsichtshalber lächelt Amalia und zuckt dabei mit den Armen.
In gebrochenem Deutsch antwortet sie: „Ich nix verstehe."
Daraufhin brechen Torben und die anderen Jungen in schallendes Gelächter aus.
„Nix verstehe", äfft Colin sie nach und klopft dabei seinem Kumpel auf den Oberarm.

„Hey, jetzt reicht es aber!", schimpft Miruna und stellt sich schützend vor Amalia. Miruna ist selbst erst vor drei Jahren nach Deutschland gekommen. Sie versteht Amalia gut.
„Ihr habt ja überhaupt keine Ahnung!", motzt Miruna die Jungs an. „Amalia ist noch nicht lange in Deutschland. Woher soll sie denn Deutsch können? Stellt euch einmal vor, ihr kämt in ein anderes Land, in dem alles fremd ist. Da möchte ich aber gerne mal sehen, ob ihr dann auch noch so große Sprüche klopft!"
„Und du weißt da genau Bescheid oder was?", fragt Torben halb wütend, halb neugierig.
„Allerdings!", nickt Miruna. „Amalia kommt auch aus Rumänien, wie ich. In unserer alten Heimat konnten wir nicht so einfach zur Schule. Sie war viel zu weit entfernt. Draußen spielen kann man in unserer alten Heimat immer nur, wenn Eltern oder andere Erwachsene dabei sind, weil es für uns Kinder alleine zu gefährlich ist. Und obwohl wir hier viele Freiheiten haben und so viele Möglichkeiten, vermisse ich unser altes Zuhause. Und für mich ist es sogar noch ein bisschen leichter, weil ich ja schon länger hier bin, aber für Amalia ist alles noch ganz neu und fremd. Und dann macht ihr euch auch noch über sie lustig!"
Torben und Colin schauen einander betreten an. Irgendwie hat Miruna ja Recht, aber das können sie nicht zugeben. Wie sähe das denn aus?
Doch Torben hat eine Idee, wie er die Sache ganz gut regeln kann.
„Sollen wir vielleicht alle zusammen Fußball spielen?", fragt er in die Runde.
Alle sind begeistert – auch Amalia, denn als sie den Ball sieht, weiß sie sofort, was gemeint ist.

Beim gemeinsamen Spiel stellt sich heraus, dass Amalia richtig toll Fußball spielen kann. Die Jungs staunen nicht schlecht! Torben und Colin nicken sich verschwörerisch zu. Jeder weiß, was der andere denkt: „Die Neue ist vielleicht doch ganz okay."

Gesprächsleitfaden

Neue Heimat

Themen fremd sein, Neubeginn, Andersartigkeit akzeptieren

Frageimpulse ? Warum machen sich Torben und Colin über Amalia lustig? • Aus welchem Land kommt Amalia? • Was erzählt Miruna über das Leben in Rumänien? • Am Ende der Geschichte spielen alle Kinder miteinander. Wie kommt es dazu?

? ? Hast du dich auch schon einmal über jemanden lustig gemacht? Wie war das für dich? • Hat sich schon mal jemand über dich lustig gemacht? Wie hast du dich dabei gefühlt? • Was glaubst du: Warum mögen Torben und Colin Amalia zum Schluss?

? ? ? Torben und Colin machen sich über Amalias Aussprache lustig. Was glaubst du: Wie fühlt sich Amalia, wenn sie die Sprache der anderen Kinder nicht versteht? • Hast du auch schon einmal deine Meinung über jemanden geändert? Wie kam es dazu?

3 Ich bin ich

Vor langer Zeit lebte eine kleine Prinzessin. Sie war sehr einsam, denn die anderen Kinder aus dem Dorf machten stets einen großen Bogen um sie. Keiner wollte mit der Prinzessin spielen. Eines Tages saß die Prinzessin wieder einmal allein und traurig am großen Fluss und sah den Enten beim Baden zu.
Plötzlich kam eine Fee an den Fluss. Sie setzte sich direkt neben das Kind.
„Was machst du denn für ein Gesicht?", wollte sie wissen.
„Ach, weißt du, ich bin so einsam. Niemand will mit mir spielen. Ich glaube, das liegt daran, dass ich irgendwie anders bin. Dabei wünsche ich mir nichts sehnlicher, als so zu sein wie die anderen Kinder. Dann spielen sie mit mir und ich bin endlich glücklich", meinte die Prinzessin verlegen.
„Diesen Wunsch kann ich dir sehr gerne erfüllen, mein Kind", meinte die Fee. „Ich werde dich für eine Woche in ein anderes Kind verwandeln. Wenn du nach dieser Woche immer noch dein altes Ich loswerden möchtest, dann bleibt der Zauber so. Sprichst du aber den Gegenzauber, der da heißt ‚Ich bin ich', so wirst du augenblicklich zurückverwandelt. Merk dir die Worte gut, nur sie können dich wieder zurück in die Prinzessin verwandeln."

Die Prinzessin winkte ab, den Gegenzauber würde sie gewiss niemals benötigen. Doch die Fee beharrte darauf, dass die Prinzessin den magischen Spruch wiederholte, bevor sie endlich ihr Versprechen einlöste und das Mädchen in ein anderes Kind verwandelte.
Glücklich rannte die verwandelte Prinzessin zu den anderen Kindern ins Dorf.
„Wer bist du denn?", fragten die Kinder das fremde Mädchen.
„Mein Name ist Amelie", log die Prinzessin – wobei, so ganz gelogen war das ja nicht wirklich. Immerhin war sie ja nun jemand anders.
„Hast du Lust, mit uns zu spielen?", fragte da eines der Kinder.
Die Prinzessin nickte überglücklich und sogleich begann ein ausgelassener Spielenachmittag. So viel Spaß hatte das Mädchen noch niemals zuvor in seinem Leben verspürt. Vor lauter Glück merkte sie gar nicht, wie rasch die Zeit verging. Noch ehe sie sich versah, war die Sonne untergegangen und alle Kinder gingen fröhlich nach Hause. Auch Amelie machte sich auf den Weg zurück ins Schloss.

Doch dort wartete ein großes Problem auf sie. Niemand wollte das Mädchen hineinlassen, denn sie sah ja nun ganz anders aus. Als die Wachen das Mädchen abwiesen, trat sie einen der Männer gegen das Knie und rief laut nach dem König und der Königin. Doch auch ihre eigenen Eltern erkannten das Mädchen nicht. Zornig nahm Amelie einen Stein und warf ihn gegen die Schlossmauern.

„Aber Mutter, ich bin es doch! Du wirst ja wohl noch dein eigenes Kind erkennen!“, rief sie mit bebender Stimme.
Die Königin sah das Mädchen milde an.
„Kind, ich weiß nicht, was du im Schilde führst. Aber du kannst niemals meine Tochter sein. Und das nicht nur, weil du ganz anders aussiehst. Mein kleines Mädchen ist außerdem stets freundlich und höflich zu jedermann. Sie liebt alle Menschen und Tiere und wird von allen verehrt. Die Kinder im Dorf haben so viel Respekt vor ihr, dass sich niemand zum Spielen hierher traut. Du aber behandelst die Menschen ungehobelt und respektlos. Wie erlaubst du dir da zu behaupten, du seist die Prinzessin?“, meinte die Königin und noch ehe sich Amelie versah, waren der König und die Königin kopfschüttelnd im Schloss verschwunden.

Voller Wut ging das Mädchen zurück ins Dorf. Hier würde ihr ja wohl irgendwer einen Schlafplatz anbieten. Schließlich war sie ja Amelie. Tatsächlich durfte sie bei einer ihrer neuen Freundinnen schlafen. Als die Mädchen gemeinsam im Bett lagen, fragte Amelie ihre Freundin nach der Prinzessin.
Das Mädchen bekam leuchtende Augen, als sie von der Prinzessin sprach: „Oh, die Prinzessin ist ein ganz besonderes Mädchen. Sie ist so liebenswert und wunderbar!“
„Und warum spielt ihr dann nie mit ihr?“, fragte Amelie erstaunt.
„Wir trauen uns nicht. Wir haben Angst, etwas falsch zu machen, wenn wir in ihrer Nähe sind. Schließlich ist sie eine Prinzessin und wir nur einfache Bauernkinder“, erklärte das Mädchen, kurz bevor ihr die Augen zufielen.
In dieser Nacht lag Amelie lange wach und dachte wehmütig über die Erfahrungen ihres neuen Ichs nach. Es war zwar toll gewesen, mit den anderen Kindern zu spielen. Aber sie war auch gemein und respektlos zu den Wachen und sogar zu ihren Eltern gewesen – und dieses neue Ich mochte Amelie gar nicht so gerne.
Vielleicht hatte sie die Sache völlig falsch gesehen. Vielleicht war sie genau richtig, so, wie sie vorher gewesen war. Vielleicht müsste sie nur den anderen Kindern zeigen, dass sie in ihrer Gegenwart keine Angst haben mussten. Vielleicht konnte sie einfach sie selbst bleiben und trotzdem mit den anderen Kindern spielen. Auf jeden Fall wollte sie es unbedingt versuchen. Und so flüsterte Amelie glücklich und voller Überzeugung: „Ich bin ich.“

Gesprächsleitfaden

Ich bin ich

Themen Selbst- und Fremdwahrnehmung, authentisch sein

Frageimpulse ? Warum ist die Prinzessin einsam und traurig? • Wie hilft ihr die Fee? • Warum erkennen der König und die Königin die Prinzessin nicht mehr? • Wie lautet der Gegenzauber, mit dem die Prinzessin sich wieder zurückverwandeln kann?

? ? Hast du dich auch schon einmal einsam gefühlt? Wie war das für dich? • Wieso entscheidet sich die Prinzessin dafür, sich wieder zurückzuverwandeln? • Stell dir vor, du könntest jemand anderes sein. Wie wäre das für dich?

? ? ? Was denkst du: Warum hat die Fee ausgerechnet den Satz „Ich bin ich" als Gegenzauber ausgewählt? • Amelies neue Freundin erzählt, dass die Kinder Angst davor haben, in Gegenwart der Prinzessin etwas falsch zu machen. Was denkst du: Wie fühlt sich die Prinzessin, als sie das hört? • Die Kinder denken ganz anders über die Prinzessin als sie selbst. Woran könnte das liegen? • Stell dir vor, die Prinzessin hätte den Gegenzauber nicht ausgesprochen – wie würde die Geschichte dann weitergehen?

4 Die Sache mit der Achtsamkeit

Eigentlich ist Elli müde. Sehr müde sogar. Am liebsten würde sie es sich auf der Couch gemütlich machen und ein bisschen schlafen. Doch sie muss noch unglaublich viel erledigen. Da sind noch die vielen Hausaufgaben, die gemacht werden wollen, und sie will unbedingt noch für Oma ein Bild malen. Schließlich freut sich Oma immer so, wenn Elli ihr ein Bild ins Altersheim mitbringt. Elli seufzt, schüttelt sich kurz und macht sich ans Werk.
Während sie all die Aufgaben erledigt und dabei krampfhaft versucht, die Müdigkeit zu ignorieren, steht plötzlich ihre kleine Schwester Isabel neben ihr.
„Du? Ich versteh die Mathehausaufgaben nicht. Kannst du mir helfen?"
Isabel schaut Elli mit großen Augen an. Wie kann Elli da nur Nein sagen?
„Aber klar, ich helfe dir", meint Elli und schiebt ihre eigenen Aufgaben beiseite.
Als Isabels Aufgaben endlich fertig sind, fallen Elli schon fast die Augen zu. Doch tapfer macht sie zuerst noch ihre eigenen Hausaufgaben und malt das Bild für Oma.
Elli bemerkt gar nicht, dass es draußen schon dunkel geworden ist, als sie endlich alles erledigt hat. Völlig erschöpft fällt sie dann endlich ins Bett.

Am nächsten Morgen wacht Elli mit einem fiesen Kratzen im Hals auf. Ihr ganzer Körper ist schwer wie Blei und es fühlt sich an, als gehöre er gar nicht mehr zu ihr.
Besorgt setzt sich Papa an ihr Bett.
„Weißt du, mein Spatz … Ich finde es toll, dass du dich um alle kümmern möchtest. Das ist wirklich lieb von dir. Doch du kannst dich nur dann um andere kümmern, wenn du dich auch gut um dich kümmerst. Warst du nicht gestern schon so müde?", will Papa wissen.
Elli nickt.
„Siehst du, da hat dir dein Körper schon gesagt, dass das alles ein bisschen viel für dich ist. Du musst lernen, auf deinen Körper zu hören. Nur dann hast du auch die Kraft, für andere da zu sein. Das heißt Achtsamkeit. Und nun fangen wir direkt damit an, indem du dich ausruhst und es dir so richtig gut gehen lässt. Okay?"
Elli weiß nicht so recht. Das mit der Achtsamkeit muss sie wohl erst noch lernen. Aber mit Papa hat sie da einen ziemlich guten Lehrer erwischt. Während Papa ihr eine heiße Schokolade ans Bett bringt, denkt Elli über die Sache mit der Achtsamkeit nach. Vielleicht sollte sie das wirklich mal ausprobieren.

Gesprächsleitfaden

Die Sache mit der Achtsamkeit

Themen Achtsamkeit, Selbstfürsorge, Überforderung

Frageimpulse

? Warum ist Elli so müde? • Was muss sie noch alles erledigen? • Was geschieht am nächsten Tag? • Papa sagt Elli, dass sie gut auf ihren Körper achten soll. Was hat Ellis Körper ihr gesagt?

? ? Warst du auch schon einmal so müde, dass dir die Augen fast zugefallen sind? Wie fühlt sich das an? • Was wollte die Müdigkeit Elli sagen? Warum hat sie nicht darauf gehört? • Was rät Papa Elli?

? ? ? Elli hat ziemlich viel Stress. Weißt du, was Stress ist?
• Hattest du auch schon einmal Stress? Was hast du dann gemacht?
• Was gehört für dich zur Achtsamkeit?

5 Die Katze, die nicht jagen will

Katze Nala reckt und streckt sich genüsslich. Mit einem zufriedenen Schmatzen dreht sie sich anschließend auf den Rücken. „Ach, was ist das Leben schön", denkt Nala. Während Nala ihr geliebtes Morgenschläfchen hält, stört plötzlich ein hektisches Treiben ihre Ruhe. Vorsichtig öffnet Nala ihr rechtes Auge. Eigentlich mag sie es nicht so gerne, wenn ihr Schläfchen gestört wird. Doch ein bisschen neugierig ist sie auch. Aus dem Augenwinkel beobachtet Nala eine Maus, die hektisch neben ihr herumläuft.

Maus Mimi ist arg gestresst. Deshalb bemerkt sie Nala zunächst auch gar nicht.

Erst als Nala sich räuspert, sieht sie die große Katze.

„Ich, ich …", stottert die Maus und starrt die Katze mit weit aufgerissenen Augen an.

Nala wartet geduldig. Doch der kleinen Maus fehlen vor Schreck die Worte.

„Hast du Angst, Kleine?", will Nala wissen.

Mimi nickt. In ihrem Hals steckt ein riesiger Angst-Kloß. Deshalb kann kein einziges Wort heraushuschen. Neugierig, wie Nala nun einmal ist, will sie natürlich den Grund für Mimis Angst wissen.

„Ich habe Angst vor … dir", stammelt die Maus.

Nala bricht in lautes Gelächter aus. Sie muss so sehr lachen, dass ihr riesiger Bauch wackelt. Das Lachen schüttelt die Katze heftig hin und her. Nach einer Weile wischt sich Nala die Lachtränen weg und atmet tief durch. Mimi ist verwirrt und weiß nicht recht, was das bedeuten soll. Vor lauter Erstaunen vergisst sie sogar ein bisschen die Angst und fragt: „Bist du nicht eine Katze?"

Nala, aus deren Bauch noch immer ein lachendes Gluckern purzelt, nickt.

„Na, also! Katzen jagen doch Mäuse. Deshalb habe ich Angst vor dir", erklärt Mimi.

„Mhm, da hast du Recht und Unrecht zugleich", meint Nala. „Ich bin nicht so wie die anderen Katzen. Ich will keine Tiere jagen."

Nun ist Mimi erst recht verwirrt. Eine Katze, die keine Mäuse jagt? Ob es so etwas wirklich gibt?

‚Vielleicht will die Katze mich auch bloß reinlegen', denkt die Maus. Vorsichtshalber geht sie ein bisschen in Deckung.

„Du glaubst mir nicht, oder?", will Nala wissen.

Die Maus schüttelt den Kopf.

„Manches ist eben anders, als wir glauben", meint Nala und rollt sich genüsslich für ein Schläfchen zusammen.

Gesprächsleitfaden

Die Katze, die nicht jagen will

Themen Vorurteile, andere vorschnell bewerten, Angst, das Leben genießen

Frageimpulse

? Was macht die Katze in der Sonne? • Warum hat die Maus Angst vor der Katze? • Wie beruhigt Nala die Maus? • Was macht Nala nach dem Gespräch?

? ? Die Katze genießt es, in der Sonne zu liegen. Was findest du toll? • Warum hat die Katze die Maus nicht gejagt? Was ist so ungewöhnlich daran? • Was glaubst du: Wie hat sich Nala gefühlt, als die Maus Angst vor ihr hatte?

? ? ? Die Maus hat Angst vor der großen Katze. Hast du auch manchmal Angst? Wovor fürchtest du dich? • Nala sagt: „Manches ist eben anders, als wir glauben." Was meint sie damit? • Wie könnte die Geschichte weitergehen?

6 Der mutige Arthur

Vor langer Zeit lebte eine kleine Ameise namens Arthur. Gemeinsam mit seiner Familie arbeitete Arthur jeden Tag von Sonnenauf- bis Sonnenuntergang. Doch eines Tages beschloss Arthur, dass er ein paar Tage Urlaub machen wollte. Seine große Familie würde wohl ein Weilchen ohne ihn auskommen können, schließlich umfasste sie 400 Mitglieder. Da konnte Arthur ruhig einmal seinen eigenen Weg gehen.

Kaum war der Entschluss gefasst, da machte sich Arthur auch tatsächlich auf den Weg, um die Welt zu entdecken. Es war ein schönes Gefühl, so frei zu sein und die wundervolle Natur zu erkunden.
„Die Erde ist ein feiner Ort", dachte Arthur, während er riesige Grashalme erklomm, an Flüssen vorbeiwanderte und den Waldboden unter seinen kleinen Füßchen spürte.
Während Arthur all die schönen Bäume und Blumen bestaunte, hörte er plötzlich ein lautes Geräusch. Arthur ging ihm nach. Ganz in seiner Nähe stritten zwei Füchse lauthals miteinander. So wie Arthur heraushören konnte, ging es wohl um Revierstreitigkeiten.
„Verschwinde oder es setzt was", rief der große Fuchs dem anderen zu.
„Ich denke ja wohl nicht daran. Ich war zuerst hier!", schrie der kleinere Fuchs.
Plötzlich kamen weitere Füchse hinzu und umkreisten den kleineren Fuchs.
‚Oh nein. Das ist gemein. So viele gegen einen. Da hat der kleine Fuchs ja gar keine Chance', dachte Arthur.
So schnell er konnte, rannte er zu den Füchsen, die inzwischen immer fieser zum kleinen Fuchs wurden.
Völlig außer Atem kam Arthur am Fuchsbau an.
„Hey, lasst sofort den kleinen Fuchs in Ruhe!", rief Arthur, so laut eine Ameise eben rufen kann.
Die Füchse sahen sich nach allen Seiten um. Doch sie konnten niemanden entdecken. „Hört sofort auf!", schrie Arthur erneut.
„Wo bist du? Zeig dich uns!", riefen die Füchse.
„Ich bin hier unten!", schrie Arthur.
Als die Füchse nach unten sahen und die kleine Ameise entdeckten, brachen sie in schallendes Gelächter aus.
„Was willst du schon unternehmen, um uns zu stoppen?", fragten sie.
Während sie sich weiter über Arthur lustig machten, nutzte der kleine Fuchs die Chance, um sich ungesehen aus dem Staub zu machen.
„Schon geschehen!", rief Arthur lachend und lief ebenfalls schnell davon.

Gesprächsleitfaden

Der mutige Arthur

Themen Mut, Selbstvertrauen, Streit

Frageimpulse ❓ Warum macht Arthur Urlaub? • Was sieht Arthur auf seiner Reise? • Wer streitet in Arthurs Nähe?

❓❓ Arthur möchte ein bisschen Urlaub von seiner Familie machen. Geht dir das auch manchmal so? • Warum streiten die Füchse? • Wie reagieren die Füchse, als Arthur sich in ihr Gespräch einmischt? • Wie konnte Arthur dem kleinen Fuchs helfen?

❓❓❓ Arthur sieht unterwegs streitende Füchse. Er denkt: ‚So viele gegen einen. Da hat der kleine Fuchs ja keine Chance.' Wie denkst du darüber? • Wie denkst du darüber, dass Arthur sich für den kleinen Fuchs einsetzt? • Was bedeutet Mut für dich?

7 Dabei sein

3. Stunde. Sportunterricht.
Fassungslos beobachtet Jannik, wie die anderen Kinder scheinbar mühelos den Ball in den Basketballkorb werfen. Sie scheinen sogar richtig Spaß dabei zu haben. So sehr sich Jannik auch bemüht, ihm selbst will das einfach nicht gelingen. Nach dem dritten Versuch zieht er sich in eine Ecke zurück.
„Du bist einfach zu ungeschickt. Du wirst das niemals so gut können wie die anderen", erklärt ihm die Stimme in seinem Kopf.
Das macht die Sache nicht gerade leichter für Jannik.

„Komm schon, Jannik, mach weiter", ruft plötzlich Herr Martens, der Sportlehrer, in Janniks Gedankenwelt hinein.
Jannik schüttelt den Kopf: „Ich kann das einfach nicht. Ich bin zu blöd dazu."
„Hast du es denn versucht?", will Herr Martens wissen.
Jannik ist empört: „Natürlich habe ich es versucht. Drei Mal! Aber es klappt einfach nicht."
„Mhm, ich habe gesehen, wie du eben den Ball geworfen hast. Aber es sah, ehrlich gesagt, nicht danach aus, als hättest du wirklich Lust, den Ball in den Korb zu werfen. Wenn du nicht wirklich bei dem bist, was du tust, und keine Freude dran hast, dann kann es dir auch nicht gelingen", meint der Sportlehrer mit einem Zwinkern.
„Mhm, was soll das denn heißen?", fragt Jannik.
„Komm, nimm mal den Ball. Fühle ihn in deinen Händen. Spiele ein bisschen damit", fordert der Sportlehrer auf.
Nun ist Jannik neugierig geworden. Er nimmt den Ball zwischen die Hände und beginnt, ihn auf den Boden zu werfen und wieder zu fangen. Dabei blendet er alles andere aus. Die Stimme in seinem Kopf ist plötzlich verschwunden. Es ist fast so, als wäre der Ball ein Teil von Jannik. Jannik spürt eine tiefe Ruhe in sich, die sich nach kurzer Zeit in Freude wandelt. Ohne zu überlegen, wirft er den Ball in Richtung Korb. Mit einem Zisch schnellt er hindurch und landet auf den Boden. Treffer! Überrascht schaut Jannik Herrn Martens an. Ob das ein Zufall war?

Gesprächsleitfaden

Dabei sein

Themen Freude empfinden, Selbstvertrauen, sich etwas zutrauen, Selbstzweifel

Frageimpulse

? Warum ist Jannik traurig? • Welchen Tipp gibt der Sportlehrer Jannik? • Wie fühlt sich Jannik, als er die Stimme in seinem Kopf losgeworden ist und er sich nur auf den Ball konzentriert?

? ? Hast du auch schon einmal erlebt, dass dir etwas nicht gelingt? Wie gehst du damit um? • Janniks Sportlehrer sagt Jannik, dass es nur nicht klappt, weil er keine Lust hat, den Ball zu werfen. Wie denkst du darüber? • Jannik probiert den Tipp des Sportlehrers aus. Wie fühlt es sich für ihn an, sich nur auf den Ball zu konzentrieren? • Was glaubst du: Warum trifft Jannik plötzlich?

? ? ? Jannik hat eine Stimme im Kopf, die ihm sagt, dass er es nicht schaffen wird. Wir alle haben solch eine Stimme im Kopf. Hast du auch schon einmal so eine Stimme im Kopf gehört? • Der Sportlehrer sagt: „Wenn du nicht wirklich bei dem bist, was du tust, und keine Freude dran hast, dann kann es dir auch nicht gelingen." Wie denkst du darüber? • Als Jannik sich völlig auf den Ball konzentriert, ist er komplett im Hier und Jetzt. Alle Gedanken sind verschwunden. Hast du so etwas auch schon einmal erlebt?

8 Moritz und die Gang

Moritz kauert, völlig in sich gekehrt, in einer Ecke des Schulhofs und hofft wie jeden Tag darauf, dass die Pause möglichst schnell vergehen wird.
„Hoffentlich sieht mich hier hinten keiner", denkt er, nachdem Julian und die anderen in der letzten Pause sein altes Versteck gefunden haben.
Irgendwann ertönt das erlösende Signal der Pausenklingel und läutet das Ende ein. Moritz atmet erleichtert auf.

Doch als er sich dem Eingang zum Schulgebäude nähert, warten dort Julian und die anderen bereits auf ihn.
„Na, du Memme, hast du dich wieder versteckt und geheult?", feixt Julian und äfft das Heulen eines Babys nach: „Uwäh, uwäh."
Finn, Kevin und Paul, die Kumpels von Julian, kringeln sich vor Lachen.
Moritz antwortet nicht. Er weiß, dass es völlig egal ist, was er sagt. Julian wird es nur wieder zum Anlass nehmen, ihn auf irgendeine Art und Weise zu erniedrigen. „Ey, du Mamasöhnchen, Julian hat dir eine Frage gestellt. Antworte ihm gefälligst", schnauzt Finn ihn auch prompt an.
Von Paul kassiert Moritz zusätzlich einen Tritt.
„Na, wie gefällt dir das?", fragt Paul.

Moritz ist den Tränen nahe. Können ihn die Jungs nicht endlich mal in Ruhe lassen? Aber er darf sich nichts anmerken lassen, denn sobald die erste Träne seine Augen verlässt, kommen die Jungs erst so richtig in Fahrt. Moritz versucht, sich aus dem Schwitzkasten zu befreien, in den Kevin ihn inzwischen genommen hat. Doch je mehr Moritz sich windet, desto stärker hält Kevin ihn fest.
„Ey, du Schwachkopf. Bist wohl noch zu blöd zum Reden, was? Ich habe dir eine Frage gestellt. Antworte gefälligst darauf", schimpft Julian.
„Ich möchte bitte in meine Klasse. Sonst bekomm ich Ärger, wenn ich zu spät bin", stammelt Moritz und beißt sich im gleichen Augenblick auf die Zunge, weil er genau weiß, dass dieser Satz alles nur noch schlimmer machen wird.
„Hört, hört, der kleine Streber möchte keinen Ärger haben. Och, wie süß. Soll ich dir mal ein rosa Schleifchen in die Haare binden? Dann siehst du endlich auch aus wie ein richtiges Mädchen. Immerhin verhältst du dich ja schon wie eins", spottet Julian. Die anderen stimmen in das Gelächter mit ein.

Aus den Augenwinkeln beobachtet Moritz seine Klassenkameraden, die eilig Richtung Klassenraum laufen. Die meisten von ihnen schauen weg und tun so, als würden sie nichts von alldem mitbekommen. Manche grinsen auch einfach. Andere klopfen Julian im Vorbeigehen auf die Schulter. Ganz so, als wollten sie sagen: „Gut, dass du dich um den Deppen kümmerst."

Als der Aufsichtslehrer um die Ecke kommt, lassen die Jungs schnell von Moritz ab.

„Na, rauft ihr euch?", lacht Herr Schmidt.

Julian und die anderen schütteln grinsend den Kopf und eilen davon.

‚Wenn's bloß raufen wär', denkt Moritz.

Aber sagen wird er – wie immer – nichts dazu. Dafür schämt er sich einfach zu sehr.

„Und wer weiß, vielleicht hab ich es auch einfach nicht anders verdient?", denkt Moritz und macht sich schnell auf den Weg zu seiner Klasse.

© bramgino | Fotolia.com

Gesprächsleitfaden

Moritz und die Gang

Themen Ausgrenzung, Mobbing

Frageimpulse ? Warum versteckt sich Moritz auf dem Schulhof? • Wie behandeln Julian und die anderen Jungs Moritz? • Wie fühlt sich Moritz dabei?

? ? Was denkst du: Warum behandeln Julian und die anderen Jungs Moritz auf diese Weise? • Die anderen Kinder schauen einfach zu oder weg. Was glaubst du: Warum reagieren sie so? • Was glaubst du: Warum hilft der Lehrer Moritz nicht?

? ? ? Weißt du, wie man das Verhalten von Julian und den anderen Jungs nennt? (Mobbing) • Was weißt du über Mobbing? • Wie würdest du dich verhalten, wenn du Mobbing mitbekommst?

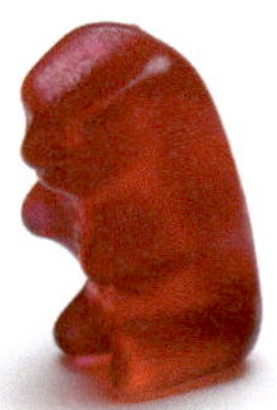

9 Affenliebe

Heute ist Sonntag. Simon liebt diese Tage ganz besonders, denn jeden Sonntag macht er mit seiner Familie einen Ausflug.
Heute wollen sich alle das Affenland anschauen. Mama, Papa und Simon singen lauthals die großen Kinderhits mit, die aus dem Autoradio schallen. Dafür ernten sie von Hannah, Simons großer Schwerster, missbilligende Blicke. Hauptsächlich, weil Hannah Familienausflüge doof findet, aber auch ein bisschen, weil ihr das schiefe Singen der anderen Familienmitglieder peinlich ist.
„Seid ihr bald mal fertig? Ich höre euch sogar trotz meiner Kopfhörer", mault Hannah.
„Was liest du denn da?", will Simon wissen und zeigt auf Hannahs Handy.
„Das geht dich gar nichts an, du Knirps", schimpft Hannah.
Es fehlte gerade noch, dass ihr kleiner Bruder ihre Nachrichten liest. Es ist schließlich schon schlimm genug, dass in dieser Familie immer jeder alles wissen muss. Da muss so ein bisschen Privatsphäre im Netz ja wohl noch drin sein.

Während sich Hannah innerlich weiter über ihre Familie aufregt, kommen sie bereits am Affenland an. Simon stürmt sofort los. Er hat es besonders eilig, endlich all die verschiedenen Affen zu bestaunen. Einige laufen hier sogar frei herum. Bereits am Eingang wird die Familie von einem kleinen Affenrudel beäugt. Neugierig wandert der Blick des Familienoberhauptes zu Hannahs Hand. Dort bestaunt der winzige Affenmann das nagelneue Handy. Simon fragt sich noch, was der Affe wohl so toll daran findet, als er es Hannah mit lautem Geschrei bereits aus der Hand gerissen hat.
Hannah ist vor Schreck wie versteinert. Papa versucht zwar noch, das Handy zurückzuholen, doch als er die Drohgebärden des Äffchens sieht, lässt er es lieber bleiben. So bleibt der Familie nichts anderes übrig, als den Affen mit ihren Blicken zu verfolgen. Simon staunt nicht schlecht, als er bemerkt, dass der Affenmann gezielt eine Affenfrau ansteuert. Sie trägt ein winzig kleines Baby in ihren Armen. Mit einer scheinbaren Verbeugung überreicht der Affenmann ihr seine neueste Errungenschaft.
„Cool, seht mal, er schenkt seiner Frau Hannahs Handy. Nun kann sie ihn immer anrufen, wenn mit dem Baby was ist", lacht Simon.
In diesem Moment läuft ein Wärter zu der Affenfrau und schafft es, ihr das Handy zu entlocken. Entschuldigend grinsend bringt er es Hannah zurück. Auch Mama und Papa müssen jetzt lachen, denn eigentlich fanden sie die Geste des Affen ziemlich süß. Mit seiner Familie teilt er alles.
Selbst Hannah lacht bei dem Gedanken an die Szene. Auch wenn ihre Familie sie manchmal nervt – sie ist trotzdem froh, sie zu haben.

Gesprächsleitfaden

Affenliebe

Themen Familie

Frageimpulse

? Wo fährt Simon mit seiner Familie hin? • Wer gehört alles zu Simons Familie? • Was macht der Affe mit Hannahs Handy?

? ? Simons Familie macht jedes Wochenende einen Ausflug. Was macht deine Familie regelmäßig gemeinsam? • Warum freut sich Hannah nicht auf den Ausflug? • Was will Hannah vor Simon verstecken? • Hast du auch Geheimnisse vor deiner Familie?

? ? ? Hannah ist von ihrer Familie ziemlich genervt. Nervt dich deine Familie auch manchmal? • Hannah ist zwar genervt von ihrer Familie, aber trotzdem froh, sie zu haben. Was ist an deiner Familie besonders toll?

10 Der fremde Ball

Schon seit einer gefühlten Ewigkeit freut sich Maya auf den morgendlichen Spaziergang mit ihrem Menschen.
Endlich ist es so weit, ihr Herrchen nimmt die Leine vom Haken im Flur. Maya kann es kaum abwarten, endlich ihre Hundefreunde zu treffen. Deshalb bemüht sie sich, besonders brav an der Leine zu gehen, damit ihr Mensch diese beim Anblick ihrer besten Freundin auch möglichst schnell losmacht. Maya kennt ihren Menschen nämlich ziemlich gut. Benimmt sie sich nicht so, wie es die Menschen für richtig halten, dann muss sie an der Leine bleiben und das wäre ja ziemlich doof.

Mayas ganzer Körper zuckt vor lauter Aufregung. Ihre Nase hat schon Lottas Geruch aufgenommen. Ihre beste Freundin kann nicht mehr weit entfernt sein. Und tatsächlich, als Maya den Kopf hebt, kann sie Lotta in einiger Entfernung stehen sehen. Auch Manfred, Mayas Mensch, hat Lotta und ihren Menschen bereits entdeckt. Mayas Plan geht auf. Unverzüglich klickt der Karabiner und Maya ist frei. In Windeseile prescht sie auf ihre Freundin zu und ein ausgelassenes Rennspiel beginnt. Doch mitten im Spiel hält Lotta plötzlich inne. Sie hat einen Ball gefunden, den sie unbedingt ausgiebig untersuchen muss. Auch Maya möchte gerne wissen, wem dieser Ball gehört. Doch als sie ihre Nase für eine ausgiebige Untersuchung in den weichen Ball drücken will, entfährt Lottas Kehle ein tiefes Knurren. Maya ist erstaunt. Das kann ihre Freundin doch wohl kaum ernst meinen. Schließlich teilen die beiden seit Monaten alles miteinander. Also versucht sie weiter, Lotta den Ball zu entwenden.
Mayas Unverfrorenheit kann Lotta unmöglich auf sich sitzen lassen. Als ein erneutes Knurren ihre Hundefreundin noch immer nicht von ihrem Balldiebstahl abhalten kann, setzt Lotta zum Scheinangriff an. Nun wird auch Maya klar, dass Lotta die Sache wirklich ernst meint und ein Kräftemessen entsteht. Nachdem die beiden ein wenig gekämpft haben, gehen Maya und Lotta auseinander und tun so, als wäre die andere Luft.
„Mit dir will ich nichts mehr zu tun haben", bellt Maya ihrer Freundin noch hinterher.
Doch Lotta ignoriert ihre Freundin weiter.

Das Ignorieren hält sogar noch am nächsten und übernächsten Tag an. Jede schnüffelt angestrengt auf der Wiese und versucht, die andere möglichst offensichtlich zu ignorieren.

Doch am dritten Tag laufen Maya und Lotta beim Verfolgen einer frischen Spur genau ineinander. Die Hundedamen schauen einander lange an. Dann beginnen sie plötzlich, wild miteinander zu spielen.

Gesprächsleitfaden

Der fremde Ball

Themen Streit, Versöhnung

Frageimpulse

? Worauf freut sich Maya? • Warum streiten Lotta und Maya? • Worüber hast du dich schon mal gestritten? • Nach dem Streit ignorieren die Hunde einander. Was bedeutet das?

? ? Maya ist aufgeregt, als sie Lotta sieht. Wann bist du vor Freude aufgeregt? • Warum knurrt Lotta ihre Freundin an? • Kannst du verstehen, dass Lotta sauer auf Maya ist? • Lotta und Maya beachten sich einige Tage lang nicht. Doch dann am dritten Tag legen sie ihren Streit scheinbar einfach so beiseite. Kannst du das verstehen?

? ? ? Welche Gründe gibt es zum Streiten? • Wie denkst du über Streit? • Lotta und Maya spielen plötzlich einfach wieder miteinander. Wie können wir Menschen Streit lösen?

11 Am Ende der Straße

Ganz am Ende einer Straße in einem kleinen Dorf wohnte eine alte, ungewöhnliche Frau. Alle Menschen im Dorf redeten hinter vorgehaltener Hand über sie. Vielleicht fragst du dich, was so ungewöhnlich an ihr war?
Nun, egal, was auch geschah, die alte Frau lächelte immer. Sie lächelte, wenn Kinder ihr Grimassen schnitten. Sie lächelte, wenn jemand ihren Gruß nicht erwiderte. Sie lächelte, wenn ihr etwas herunterfiel, und selbst wenn jemand sie beschimpfte, zauberte ihr dies ein Lächeln ins Gesicht.

In derselben Straße, in der die alte Frau lebte, wohnten auch die Geschwister Anton und Larissa. Und natürlich wunderten die beiden sich auch sehr über die Dame. Sie wollten unbedingt herausfinden, wie man sie wohl ärgern könnte.
„Komm, lass uns Klingelmännchen bei ihr spielen", schlug Anton vor.
Larissa war sofort Feuer und Flamme.
Als sie bei der alten Dame angekommen waren, klingelten die Kinder und versteckten sich in Windeseile hinter der großen, alten Eiche in der Nähe der Tür. Von dort aus hatten sie das Gesicht der alten Dame gut im Blick, ohne jedoch entdeckt zu werden. Als die alte Dame öffnete, schaute sie sich nach allen Seiten um. Als sie niemanden entdecken konnte, huschte ein Lächeln über ihr Gesicht. Sie schien noch einen Augenblick zu warten, bevor sie die Tür wieder sanft schloss. Die Kinder schauten sich fragend an.
„Also, normalerweise schimpfen die anderen Erwachsenen, wenn wir Klingelmännchen spielen, und ärgern sich. Was stimmt denn nicht mit der alten Frau?", wunderte sich Larissa.
„Vielleicht ist sie ja taub?", meinte Anton.
„Und wie will sie dann das Klingeln gehört haben?", erwiderte Larissa.
Anton nickte. Das machte irgendwie Sinn. Also versuchten die Kinder ihr Glück erneut. Aber alles blieb beim Alten. Das Lächeln der Frau verschwand selbst dann nicht, nachdem die Kinder sie unzählige Male mit ihrem Klingeln an die Tür gelockt hatten. Entmutigt gaben Anton und Larissa nach einer Stunde auf. Denn irgendwie machte das Spiel keinen Spaß, wenn sich die alte Frau so gar nicht ärgerte.

Am nächsten Tag hatte Anton eine neue Idee.
„Komm, lass uns Zahnpasta an ihren Gehstock schmieren."
Auch für diesen Streich war Larissa sofort zu begeistern.
Früh am Sonntagmorgen schlichen die Kinder zum Haus der alten Dame und strichen den Gehstock, der stets an der Eingangstür lehnte, dick mit Zahnpasta ein. Natürlich achteten die beiden darauf, dass der Streich nicht auf den ersten Blick erkennbar war.

Nun mussten sie nur noch darauf warten, dass die alte Frau das Haus verließ. Doch das ließ nicht lange auf sich warten, denn die alte Dame machte sich wie jeden Sonntagmorgen auf den Weg zur Kirche.
Larissa und Anton verharrten fast regungslos hinter der alten Eiche. Die Kinder trauten sich kaum, zu atmen, als sich endlich die Haustür öffnete und die alte Dame beherzt nach ihrem Gehstock griff. Larissa gelang es nur schwerlich, das tosende Lachen in ihrem Inneren herunterzuschlucken. Als die alte Dame die Zahnpasta an ihrer Hand bemerkte, lächelte sie. Lächelnd ging sie zurück ins Haus, um sich die Hände zu waschen.
Anton und Larissa nutzten die Gelegenheit, um schnell nach Hause zu laufen.
„Das gibt es doch nicht!", murrte Larissa, als sie zu Hause ankamen. „Es muss doch irgendetwas geben, das dieses blöde Lächeln zum Verschwinden bringt."
Nach einigem Nachdenken hatte Anton eine neue Idee. Er lief zum Kühlschrank und holte ein paar rohe Eier heraus. Damit liefen die Kinder zum Haus der alten Dame.
Aus ihrem sicheren Versteck heraus warfen sie die Eier an die Hauswand. Jedes Ei zerschellte mit einem lauten „Plopp" und hinterließ eine weiß-gelbe Schleimschicht. Vor lauter Vergnügen bemerkten die beiden gar nicht, wie sich plötzlich die Haustür öffnete. Das Ei, das Larissa in diesem Augenblick warf, traf die alte Frau am Kopf. Der Dotter rann durch ihre Haare und über das Gesicht, um von dort aus auf den Boden zu tropfen. Erschrocken sahen sich die Kinder an. „Wollen wir aus den Eiern nicht lieber ein leckeres Rührei zubereiten?", fragte da die alte Frau mit einem Lächeln im Gesicht.
Kleinlaut folgten Anton und Larissa ihrer Einladung ins Haus.
Während die alte Frau tatsächlich Rührei für die Kinder machte, platzte es aus Anton heraus: „Warum schimpfst du eigentlich nie und warum wirst du nie sauer oder wütend?", fragte er neugierig.
„Nun, weißt du, ich glaube an das Gute in jedem Menschen. Jeder ist auf seine Weise einzigartig und liebenswert. Daran erinnere ich mich in jedem Augenblick. Das Leben ist doch viel zu kostbar, um es mit Ärger oder Wut zu vergeuden."
Larissa und Anton schauten die alte Frau überrascht an. Das hatte es also mit ihrem Lächeln auf sich! Und die Geschwister hatten sich so gemeine Dinge für die alte Frau überlegt. Das alles tat ihnen plötzlich schrecklich leid.
„Deine Hauswand machen wir natürlich wieder sauber!", versprach Larissa schnell.
„Und vielleicht möchtest du ja auch mal bei uns Rührei essen", meinte Anton.
„Das klingt doch sehr vielversprechend", fand die alte Frau – und lächelte.

Gesprächsleitfaden

Am Ende der Straße

Themen innere Ruhe, Nächstenliebe

Frageimpulse

? Warum fanden die Menschen die alte Dame so sonderbar? • Wie wollten Anton und Larissa die alte Dame ärgern? • Wie reagierte die alte Frau darauf? • Was passierte, als die Kinder die Frau mit Eiern bewarfen?

? ? Kannst du verstehen, dass die anderen Menschen es komisch fanden, dass die alte Dame immer lächelte? • Warum hat die alte Frau gelächelt, obwohl Anton und Larissa sie geärgert haben? • Was glaubst du: Warum hat die alte Dame die Kinder zum Essen eingeladen?

? ? ? Was findest du an anderen Menschen sonderbar? • Wie denkst du über die Streiche, die Anton und seine Schwester der alten Dame gespielt haben? Hättest du das auch gemacht? • Wie hättest du an Stelle der alten Frau auf die Streiche reagiert? • Was meint die alte Dame, wenn sie sagt: „Nun, weißt du, ich glaube an das Gute in jedem Menschen. Jeder ist auf seine Weise einzigartig und liebenswert. Daran erinnere ich mich in jedem Augenblick. Das Leben ist doch viel zu kostbar, um es mit Ärger oder Wut zu vergeuden."? Wie denkst du darüber?

12 Schubladen im Kopf

Heute ist Torben zu Besuch bei Oma. Dort ist es eigentlich immer ziemlich cool, denn Oma kocht immer Torbens Lieblingsessen und unternimmt tolle Ausflüge mit ihm. Außerdem hat Oma den tollsten Hund der Welt. Er heißt Lübbi und ist total frech. Mit ihm kann man herrlich toben. Torben hat sich schon die ganze Woche auf den Besuch bei Oma und Lübbi gefreut.

Doch als er mit ihr am Tisch sitzt, kann er sich nicht so recht entspannen. Lustlos schaufelt er das Essen in sich hinein. Er merkt noch nicht einmal, dass es Dampfnudeln sind, die Torben für sein Leben gern isst.
Oma merkt sofort, dass mit ihrem Enkel irgendetwas nicht stimmt. Also hakt sie nach.
„Was ist los?", fragt Oma.
„Nix", antwortet Torben.
Es nervt ihn ziemlich, dass die Erwachsenen ständig diese bekloppten Fragen stellen. Immer wollen sie alles wissen.
Doch Oma bleibt hartnäckig. „Ach, komm schon, ich sehe doch, dass dich irgendetwas beschäftigt."
Torben gibt sich einen Ruck und erzählt kurzerhand alles, was sich am Schulvormittag zugetragen hat: „Weißt du, heute in der Schule wurde meinem Freund Simon das Handy gestohlen. Unsere Lehrerin hat uns alle gefragt, wer das gemacht hat. Keiner wollte es zugeben. Da habe ich gesagt, dass es bestimmt nur Matei gewesen sein kann. Schließlich kommt der aus Rumänien und es weiß doch jeder, dass Rumänen klauen. Da hat unsere Lehrerin total mit mir geschimpft und behauptet, dass ich lauter Vorurteile hätte. Dabei weiß ich noch nicht mal, was das sein soll."
„Mhm. Jetzt verstehe ich, warum du so geknickt bist. Was glaubst du denn, wie sich Matei fühlt?", fragt Oma.
Torben ist irritiert. Was soll denn diese blöde Frage? Wie soll er sich denn fühlen? „Der versteht doch eh kaum Deutsch und weiß doch gar nicht, was ich gesagt habe. Außerdem ist Matei arm, weil er nur alte Klamotten anhat. Da ist es ja wohl klar, dass er das Handy gestohlen hat", verteidigt sich Torben.
„Siehst du, und genau das sind Vorurteile. Jeder von uns hat ganz viele Schubladen in seinem Kopf, in die er andere Menschen hineinsteckt, nur weil sie vielleicht besonders aussehen, aus einem bestimmten Land kommen oder auch einfach, weil wir etwas von anderen über sie gehört haben. Wir urteilen dann schnell über diese Menschen, ohne sie wirklich zu kennen, und das ist gar nicht gut", erklärt Oma mit ernstem Blick.
„Und warum nicht?", will Torben wissen.

„Weil wir den anderen damit oft unrecht tun und uns selbst tolle Freunde vorenthalten können. Nicht immer sind Menschen so, wie wir auf den ersten Blick glauben", antwortet Oma. „Neulich morgens war ich mit Lübbi am Bach spazieren. Plötzlich ist der kleine Frechdachs losgesprintet und in das kleine Wäldchen gelaufen. Dort hat er furchtbar gebellt. Als ich endlich auch dort angekommen war, sah ich, warum Lübbi so bellte. Dort saß ein Mann. Und es war nicht irgendein Mann – es war Knallbirne. Die Leute hier im Ort nennen ihn so, weil sie meinen, er hätte einen Knall. Doch weißt du, was geschah? Lübbi hat sich sogar von ihm streicheln lassen und du weißt genau, dass Lübbi sich das nur von Menschen gefallen lässt, die er mag. Und dann haben wir uns ganz toll miteinander unterhalten. Der Mann hat erzählt, dass er selbst einmal einen Hund hatte und dass er noch immer gern allein im Wald spazieren geht, weil er dort früher immer mit seinem Hund unterwegs war. In diesem Augenblick wusste ich, dass ich Vorurteile gegen den Mann hatte. Ich habe ihn in eine Schublade gesteckt, weil alle so über ihn dachten. Dabei war er überhaupt nicht dumm oder verrückt. Nun weiß ich, dass ich besser damit aufhöre, andere in Schubladen zu stecken. Vielleicht sollten wir gemeinsam daran arbeiten?", schlägt Oma vor.
Torben weiß nicht so recht, wie das gehen soll. Aber Oma hat eigentlich immer tolle Ideen. Vielleicht sollte er wirklich anfangen, die Schubladen in seinem Kopf auszumisten.

Gesprächsleitfaden

Schubladen im Kopf

Themen Vorurteile

Frageimpulse ? Was ist am Morgen bei Torben in der Schule geschehen? • Warum denkt Torben, dass Matei das Handy gestohlen hat? • Warum hat Torbens Lehrerin geschimpft?

? ? Warum kann Torben den Besuch bei Oma nicht so recht genießen? • Was sind Vorurteile? • Welche Vorurteile hat Torben über Matei? • Oma hatte auch Vorurteile. Was hat sie dazu gebracht, ihre Meinung zu ändern?

? ? ? Torben behauptet, dass Matei das Handy gestohlen hätte, weil er aus Rumänien kommt. Kennst du auch solche Vorurteile? Wie denkst du darüber? • Oma sagt, wir hätten alle Schubladen im Kopf. Dort stecken wir unsere Gedanken über andere Menschen hinein. Wie stellst du dir diese Schubladen vor? • Hast du selber schon einmal jemanden in eine Schublade gesteckt? • Wie kann man die Schubladen im Kopf ausmisten und die Vorurteile loswerden?

13 Jeder will was

Erschöpft schließt Yasin die Haustür auf.
„Puh, was für ein Tag!", denkt der Junge, während er seinen Schulranzen achtlos im Flur fallen lässt.
Vom lauten Knall angelockt, kommt Papa um die Ecke.
„Yasin, wie oft habe ich dir schon gesagt, dass du deinen Schulranzen nicht gegen die Wand werfen sollst? Du bist nun schon neun Jahre alt. Ich erwarte von dir, dass du den Ranzen ordentlich an seinen Platz stellst", schimpft er mit zornigem Blick.
Auch das noch! Als hätte Yasin nicht schon genug um die Ohren. Am liebsten würde er alles einfach rausheulen oder einmal ordentlich irgendwo gegentreten. Doch Yasin reißt sich zusammen – so gut es eben geht. Er will Papa keine Sorgen bereiten. Aber Papa spürt, dass irgendetwas mit Yasin nicht stimmt. Dafür kennt er seinen Sohn einfach zu gut.
„Was ist denn los, mein Schatz?", fragt Papa in versöhnlichem Tonfall.
Als Yasin Papas Anteilnahme spürt, sprudelt alles aus ihm heraus. Sein Vorsatz, Papa nichts von seinen Problemen zu erzählen, ist mit einem Schlag verschwunden.
„Alle wollen irgendetwas von mir. Die anderen Kinder in der Klasse wollen, dass ich mich anpasse. Meine Lehrerin meint, ich soll auf die anderen zugehen, um neue Freunde zu gewinnen. Mein neuer Freund in der Schule will, dass ich nur mit ihm spiele. Sobald ich mal mit anderen etwas unternehmen möchte, ist er beleidigt. Dann erwarten die Lehrer auch, dass ich ganz schnell Deutsch lerne, damit ich im Unterricht mitmachen kann. Oma erwartet, dass ich ihr helfe, obwohl ich dringend lernen muss, und sowieso und überhaupt habe ich das Gefühl, dass alle was von mir wollen. Das ist mir einfach zu viel!", erklärt Yasin.
Papa drückt Yasin fest an sich, während er ihm behutsam über den Kopf streichelt.
„Weißt du, mein Schatz, andere Menschen erwarten oft sehr viel von uns. Meistens jedoch haben wir selbst nicht weniger Erwartungen an uns. Aber nicht alle Erwartungen müssen wir auch erfüllen. Lass uns doch einmal gemeinsam überlegen, welche Erwartungen sinnvoll sind und welche eben nicht", meint Papa und nimmt Yasin mit ins Wohnzimmer.

Gesprächsleitfaden

Jeder will was

Themen Erwartungen

Frageimpulse

? Warum schimpft Papa mit Yasin? • Was soll Yasin mit seinem Schulranzen machen? • Was soll Yasin in der Schule alles machen?

? ? Warum ist Yasin schlecht gelaunt? • Was erwartet Papa von ihm? • Was sagt Yasins Papa über die Erwartungen?

? ? ? Wie würdest du das Wort Erwartungen mit deinen Worten erklären? • Welche Erwartungen hast du an dich? • Welche Erwartungen haben andere an dich? • Yasins Papa meint, dass man nicht alle Erwartungen erfüllen muss. Wie denkst du darüber?

© pathdoc / Fotolia.com

Gefühle

14 Der kleine Apfelbaum

Es war einmal ein kleiner Apfelbaum, der auf einer großen Wiese lebte. Dort fühlte sich der Apfelbaum sehr wohl. Er liebte die Sonne, den Regen, den Wind und den Schnee gleichermaßen.
„Jede Jahreszeit ist schön", dachte der Apfelbaum in jedem Jahr aufs Neue.

Der Herbst in diesem Jahr gefiel dem Apfelbaum besonders gut. Oft schien die Sonne auf seine Blätter und färbte diese langsam rot und gelb. Außerdem trug der Apfelbaum in diesem Jahr unzählige rote Äpfel. Jeder Apfel war auf seine Weise einzigartig und wunderschön. Voller Stolz betrachtete der Apfelbaum all die tollen, riesigen Äpfel an seinen Ästen. Der große Bruder des kleinen Apfelbaums beobachtete ihn dabei.
„Was bestaunst du dich denn so?", wollte der große Apfelbaum wissen.
„Ich hatte noch nie so viele Äpfel. All die Jahre habe ich immer bewundernd deine zahlreichen Äpfel bestaunt und nun habe ich selbst so viele", erklärte der kleine Apfelbaum.
„Tja, dann merkst du nun auch, wie schwer all die Äpfel sind und welche Mühe es macht, sie die ganze Zeit zu tragen", meinte der große Apfelbaum.
Kaum hatte der große Apfelbaum seinen Missmut kundgetan, spürte der kleine Apfelbaum plötzlich eine unglaubliche Schwere. Es schien fast so, als hätte er kaum noch Kraft, all die schweren Äpfel zu tragen. Der kleine Apfelbaum wurde daraufhin sehr traurig. All die gute Laune, die er bereits das ganze Jahr über verspürt hatte, war mit einem Mal wie weggeblasen.

Während der kleine Apfelbaum völlig in sich zusammengesunken auf der Wiese stand, flitzte plötzlich ein Eichhörnchen über die Wiese.
„Hey, kleiner Apfelbaum, was machst du denn für ein Gesicht an diesem schönen Herbsttag?", wollte das Eichhörnchen wissen.
„Meine Äpfel sind so schwer, dass ich sie kaum noch tragen kann", erklärte der kleine Apfelbaum.
„Nun, da kann ich dir sicherlich helfen", erklärte das kleine Eichhörnchen und kletterte flink den Baum hinauf.
Oben angekommen, packte das Eichhörnchen eifrig einige Äpfel und ließ sie in die Wiese plumpsen. Es dauerte fast den ganzen Tag. Doch das kleine Eichhörnchen war so fleißig, dass am Nachmittag alle Äpfel auf dem Boden lagen.

Im ersten Augenblick war der kleine Apfelbaum sehr erleichtert. Er fühlte sich plötzlich ganz leicht und frei. Doch als er hinunterblickte und all die schönen Äpfel auf dem Boden sah, war er wieder traurig. Er hatte sie doch extra wachsen lassen, um anderen eine Freude damit zu machen, und nun lagen sie achtlos herum.

Doch auch dafür hatte das Eichhörnchen einen Plan. Ein kurzer Pfiff reichte aus und schon kam ein ganzer Schwarm Zugvögel herangeflogen. Sie freuten sich über dieses Festmahl und fraßen, bis der letzte Apfel verschwunden war. Nun waren alle glücklich. Genauso hatte es sich der kleine Apfelbaum vorgestellt.

Gesprächsleitfaden

Der kleine Apfelbaum

Themen Neid, Missgunst, sich beeinflussen lassen, die Sichtweise ändern

Frageimpulse ? Welche Jahreszeit mag der kleine Apfelbaum besonders gerne? • Was mag der Apfelbaum am Herbst so gerne? • Hast du auch eine Lieblingsjahreszeit? • Wie hilft das Eichhörnchen dem kleinen Apfelbaum?

? ? Der große Apfelbaum ist neidisch auf den kleinen Apfelbaum. Was heißt das? • Warst du auch schon einmal neidisch? Wie fühlt sich das an? • Wie verdirbt der große Apfelbaum seinem kleinen Bruder die Freude am Herbst? • Wie fühlt sich der kleine Apfelbaum, als all seine Äpfel am Boden liegen? Warum ist er nicht erleichtert? Zuvor waren ihm die Äpfel doch viel zu schwer …

? ? ? Der kleine Apfelbaum ist auf all die roten Äpfel besonders stolz. Was macht dich stolz? • Der große Apfelbaum verdirbt seinem kleinen Bruder die Laune. Was denkst du: Warum macht er das? • Der kleine Apfelbaum spürt eine Schwere, nachdem sein Bruder ihm die Laune verdorben hat. Hast du deine Laune auch schon einmal von jemand anderem beeinflussen lassen? Wie kam es dazu?

© Anatolii | Fotolia.com

15 Schildis Panzer

Schildi, die Schildkröte, sitzt gemütlich am Teich und knabbert hingebungsvoll an einem langen Grashalm. Das süße Gras schmeckt ihr bei der großen Hitze besonders gut. Während Schildi ihren Grashalm genießt, fliegt plötzlich Amir, der Adler heran.
„Hey, weg da! Das ist mein Platz", verkündet Amir und stupst Schildi unsanft mit seinem imposanten Schnabel an.
„Was soll denn das?", empört sich die Schildkröte.
„Du bist hier nicht erwünscht. Das ist Adlergebiet. Da haben Schildkröten nichts verloren", meckert Amir und verpasst Schildi einen erneuten Schnabelhieb.
Schildi spürt, wie etwas ihren Hals zuschnürt. Es ist ein großer Kloß, der sich da in Sekundenschnelle breitmacht. Die kleine Schildkröte kennt diesen Kloß nur zu gut. Er zeigt sich immer dann, wenn Schildi traurig wird. Dieses Gefühl mag die Schildkröte so gar nicht. Um es rasch loszuwerden, zieht sie sich schnell in ihren Panzer zurück. Hier ist sie vor der Traurigkeit sicher. Und Amir? Der Adler nimmt höchst zufrieden ein ausgiebiges Bad im großen Teich. Schließlich ist die störende Schildkröte verschwunden. – Zumindest fast.

Stunden vergehen und Schildi ist noch immer in ihrem Panzer. Plötzlich klopft es sanft daran.
„Geh weg", brummelt die Schildkröte.
Doch das sanfte Klopfen, das eigentlich eher einem Streicheln gleicht, lässt nicht nach. Es ist Waltraud, die Waldmaus.
„Schildi, komm raus. Es ist ein herrlicher Tag. Du verpasst ja das ganze Leben, wenn du in deinem Panzer hockst", ruft Waltraud fröhlich.
Aber Schildi mag nicht. Was ist, wenn die Traurigkeit dann wiederkommt?
Als könnte Waltraud Schildis Gedanken lesen, erklärt die Maus: „Weißt du, Schildi, Gefühle fühlen sich nicht immer schön an. Traurigkeit, Angst und Wut können sehr unangenehm sein. Aber auch das sind Gefühle und Gefühle sind nun mal zum Fühlen da. Wenn du deine Traurigkeit zulässt und sie spürst, dann kann sie auch wieder gehen. Aber das geht nicht, wenn du dich in deinem Panzer versteckst."
Schildi denkt lange über das nach, was die kleine Waldmaus ihr über die Gefühle erzählt hat. Es ist schon dunkel, als die Schildkröte ihren Panzer verlässt. Schildi atmet tief ein. Dann macht sie etwas, das sie noch nie zuvor getan hat. Sie lässt zu, ihre Traurigkeit zu fühlen. Dicke Tränen rollen über ihr Schildkrötengesicht. Die Tränen wollen gar nicht mehr aufhören, zu fließen. Schildi lässt ihre ganze Traurigkeit heraus, bis irgendwann keine Tränen mehr kommen.

Und dann geschieht ein Wunder: Plötzlich fühlt Schildi sich viel leichter. Als hätte sie die Traurigkeit einfach weggeweint. Und übrig bleibt dieses leichte Gefühl. Schildi fühlt sich sogar so leicht, dass sie richtig fröhlich wird.
Jetzt versteht Schildi, was es heißt, Gefühle zuzulassen, und sie beschließt, von nun an alle Gefühle dankbar anzunehmen.

Gesprächsleitfaden

Schildis Panzer

Themen Gefühle zulassen

Frageimpulse

? Warum will Amir die Schildkröte vertreiben? • Wie fühlt sich Schildi? • Was macht Schildi, als sie traurig ist? • Was geschieht, als Schildi sich traut, die Traurigkeit zu fühlen?

? ? Schildis Traurigkeit macht sich zuerst durch einen Kloß im Hals bemerkbar. Woran merkst du, dass du traurig bist? • Warum zieht sich Schildi in ihren Panzer zurück? • Glaubst du, dass Schildi in ihrem Panzer wirklich vor der Traurigkeit sicher ist?

? ? ? Wir alle haben einen unsichtbaren Panzer, in den wir uns zurückziehen. Bei welchen Gefühlen gehst du in deinen Panzer? • Was denkst du: Warum möchte Waltraud Schildi unbedingt aus ihrem Panzer herauslocken? • Waltraud erklärt: „Gefühle sind zum Fühlen da." Was meint die Waldmaus damit?

16 Der tanzende Boden

Paul fährt für sein Leben gerne Fahrrad. Er liebt es, wenn er kräftig in die Pedale treten kann und ihm der Fahrtwind die Haare zerzaust. Ganz oft fährt er mit seinem besten Freund Niklas sogar heimlich Rennen auf der stillgelegten Straße in der Nähe der Siedlung. Das ist ein Heidenspaß. Natürlich dürfen Mama und Papa davon nichts erfahren, sonst würden sie arg schimpfen.

Auch heute ist Paul mit Niklas unterwegs. Sie wollen wieder ein Rennen fahren. Letztes Mal hat Niklas gewonnen, aber das wird Paul diesmal zu verhindern wissen.
„Auf die Plätze, fertig, los!“, ruft Niklas und Paul tritt kräftig in die Pedale.
Er liegt auch bald schon ein paar Meter vor Niklas, weil er so schnell losgefahren ist. Er dreht sich kurz um, um zu sehen, ob Niklas noch weiter zurückfällt – da passiert es. Paul hat ein Schlagloch übersehen und verliert die Kontrolle über sein Fahrrad. Das rutscht zur Seite weg und Paul stürzt auf den Boden. Zum Glück hatte er einen Helm auf!
Niklas ist sofort bei ihm. Glücklicherweise ist Paul aber nichts Schlimmes passiert. Er hat nur ein paar Schürfwunden an den Beinen und Armen und er hat sich natürlich ganz schön erschreckt.
„Kannst du weiterfahren?“, will Niklas wissen. „Wir fahren auch jetzt ganz normal, kein Rennen mehr!“
Paul nickt. Natürlich kann er weiterfahren. Die Schürfwunden tun zwar ein bisschen weh, aber beim Fußballspielen hat Paul sich auch schon öfter so verletzt und hat einfach weitergespielt.

Paul setzt sich also wieder auf sein Fahrrad und fährt langsam los. Aber nach ein paar Metern überkommt ihn plötzlich ein komisches Gefühl. Der Boden beginnt, vor seinen Augen zu tanzen. Paul wird dabei ganz komisch, sodass er sogar noch langsamer fährt. Aber es wird nicht besser. Der Boden tanzt weiter und Pauls Herz schlägt immer schneller. Es fühlt sich an, als würde es jeden Moment aus Pauls Brust herausspringen. Seine Arme und Beine sind mit einem Schlag wie Pudding und wollen ihm gar nicht mehr gehorchen. Paul weiß nicht, was er tun soll, außer sofort anhalten und absteigen.
„Alles in Ordnung?“, fragt Niklas besorgt.
Paul schüttelt den Kopf.

„Ich habe Angst, weiter Fahrrad zu fahren", erklärt Paul.
Er versteht die Welt nicht mehr. Wie kann es sein, dass er plötzlich Angst vor dem Fahrradfahren hat, wo er doch sonst nichts lieber macht?
„Das ist bestimmt, weil du gerade gestürzt bist. Ich kenn das mit der Angst", meint Niklas. „Weißt du, nachdem ich mal nachts so ein komisches Geräusch gehört habe, hatte ich ganz lange Angst, dass es bei uns spukt. Das war ganz schlimm für mich. Immer wenn es dunkel war, habe ich richtig Herzklopfen gekriegt und konnte kaum einschlafen. Mein Papa hat mir dann einen tollen Trick gezeigt. Immer wenn die Angst kam, habe ich mit ihr geredet, so als sei sie ein Freund. Ich habe sie gefragt, warum sie da ist und was sie mir sagen will. Und weißt du was? Irgendwann war sie weg. Komm, lass uns das mal ausprobieren. Wenn du nicht mehr magst, dann steigen wir ab und schieben die Räder."
Paul ist noch ein bisschen skeptisch. Aber er entschließt sich, es einfach mal auszuprobieren. Schließlich ist Niklas sein bester Freund. Er hat immer tolle Ideen.

Gesprächsleitfaden

Der tanzende Boden

Themen Angst, Strategien im Umgang mit der Angst

Frageimpulse ❓ Was geschieht, als Paul und Niklas ihr Rennen fahren? • Warum kann Paul nicht weiterfahren? • Welchen Tipp gibt Niklas ihm?

❓❓ Wie fühlt sich die Angst für Paul an? • Wie fühlt sich Angst für dich an? • Wie gehst du mit der Angst um?

❓❓❓ Wovor hast du Angst? • Niklas rät seinem Freund, mit der Angst zu sprechen. Wie denkst du darüber? • Denkst du, dass Paul dann wieder Fahrrad fahren kann?

© mrgarry | Fotolia.com

17 Auch Freunde haben Freunde

Lustlos rührt Anne in ihrem Kakao herum. Sie ist zu Besuch bei ihrer großen Schwester Lea. Lea ist schon erwachsen und wohnt alleine in einer kleinen Wohnung. Eigentlich findet Anne es immer toll, sie zu besuchen. Aber heute kann sie sich nicht richtig darüber freuen.
Lea spürt, dass Anne etwas bedrückt. Sie setzt sich neben ihre Schwester und legt den Arm um sie. „Hey, Anne, ist alles okay bei dir?"
Sofort kullern dicke Tränen über Annes Wangen.
„Ach, Lea. Meine Freundin Stella ist so gemein zu mir", schluchzt Anne, während sie ihr Gesicht in Leas Schulter vergräbt.
Als sie sich ein wenig gefangen hat, schüttet sie Lea ihr Herz aus.
„Wir haben eine Neue in der Klasse – Laura. Und Stella findet sie so toll. Seit Tagen schon erzählt sie von nichts anderem mehr. Laura hier und Laura da – ich kann das nicht mehr hören! Als wenn es nichts anderes mehr auf der Welt gäbe. Stella hat kaum noch Zeit für mich. Ständig will sie was mit Laura unternehmen und heute hat sie sich auch noch neben sie gesetzt. Ich komme mir vor, als wäre ich Luft", sprudelt es aus Anne heraus.
Lea, die geduldig zugehört hat, lächelt Anne an.
„Ist Stella denn deine einzige Freundin?", fragt Lea.
Anne schaut sie irritiert an. „Wieso fragst du das?"
„Na, neulich hattest du doch noch Besuch von Mia. Und vorletzte Woche hast du bei Hannah übernachtet. Und mit Marco triffst du dich doch auch gerne, oder?", erinnert sich Lea.
„Naja, schon. Aber was hat das mit Stella zu tun?", will Anne wissen.
„Du hast noch andere Freunde außer Stella. Und genauso hat Stella jetzt eben auch eine neue, andere Freundin. Das heißt aber doch nicht, dass Stella nicht immer noch deine Freundin ist. Laura ist eben gerade neu und bestimmt auch froh, dass jemand so viel Zeit mit ihr verbringt."
Anne überlegt. Irgendwie hat Lea schon Recht. Aber trotzdem fühlt Anne sich von Stella verraten.
„Wir können unsere Freunde nicht festhalten, weil sie uns nicht gehören. Aber wir können die Zeit, die wir mit ihnen verbringen, genießen und froh sein, dass sie zu unserem Leben dazugehören", lächelt Lea.
Anne trinkt einen großen Schluck Kakao. Darüber muss sie noch mal ganz in Ruhe nachdenken.

Gesprächsleitfaden

Auch Freunde haben Freunde

Themen Eifersucht, Freundschaft

Frageimpulse

? Warum ist Anne traurig? • Was fragt Lea Anne? • Was erzählt Lea Anne über ihre Freundschaft zu Stella?

? ? Warst du auch schon einmal eifersüchtig auf einen Freund deines Freundes? • Lea sagt, dass Freunde auch andere Freunde haben dürfen. Wie denkst du darüber?

? ? ? Was bedeutet für dich Freundschaft? • Stell dir vor, du wärst Anne. Erkläre mit deinen Worten, warum du eifersüchtig bist. • Lea sagt Anne, dass man Freunde nicht festhalten darf, weil sie einem nicht gehören, und dass man die Momente mit seinen Freunden genießen sollte. Wie denkst du darüber? • Was glaubst du: Wie könnte Annes Geschichte weitergehen?

© Photographee.eu | Fotolia.com

18 Der goldene Ring

Wie jeden Tag macht sich Elli, die Elster, auf den Weg zu einem ausgedehnten Beutezug. Bei ihrem Flug durch die Lüfte entdeckt sie von hier oben so mancherlei Schatz, den die Menschen achtlos fortwerfen oder hin und wieder auch aufgrund ihrer Unachtsamkeit verlieren.

Obwohl Elli schon seit Stunden unterwegs ist, hat sie heute scheinbar kein Glück.
Ein wenig niedergeschlagen fliegt sie zurück ins Nest ihrer Familie.
Als sie dort ankommt, ist ihr Bruder Konstantin bereits eingetroffen. Stolz präsentiert er Elli seinen heutigen Fund. Es ist ein goldener Ring, der verführerisch in der Sonne glitzert.
„Schau, Elli, was ich Tolles entdeckt habe. Ist das nicht ein ganz besonderer Schatz?", fragt Konstantin.
Seine Freude und Aufregung ist dabei kaum zu übersehen.
„Gib mal her", krächzt Elli, die diesen wunderbaren Fund am liebsten selbst getätigt hätte.
Doch Konstantin schüttelt den Kopf. Er kennt seine Schwester nur zu gut. Hat sie erst einmal etwas in ihrem Schnabel, so gibt sie es so leicht nicht mehr her.
Ein Nein kann Elli jedoch so gar nicht ertragen. Als sie merkt, dass Konstantin ihr den Fund nicht geben möchte, reißt sie ihn kurzerhand aus seinem Schnabel und fliegt in Windeseile damit davon. Endlich hat sie einen Schatz gefunden. Konstantin kann das jedoch nicht auf sich sitzen lassen. Immerhin ist es sein goldener Ring. Also startet er eine wilde Verfolgungsjagd, bei der er seine Schwester rasch einholt.
Hoch oben in der Luft entsteht ein wildes Gerangel, wie es wohl nur unter Geschwistern sein kann. Mal hat Elli den Ring im Schnabel, dann gelingt es Konstantin, ihn zu entwenden, bevor Elli ihn wieder an sich reißt.
So geht es eine ganze Weile, bis der Ring zu Boden fällt. Mit einem hellen „Klong" landet er auf dem Bürgersteig. Und wie runde Dinge es nun einmal an sich haben, rollt er weiter und verschwindet rasch im Gulli.

Gesprächsleitfaden

Der goldene Ring

Themen Neid, Missgunst

Frageimpulse

? Was sucht Elli auf ihrem Beutezug? • Was hat Ellis Bruder gefunden? • Wie reagiert Elli, als sie den goldenen Ring sieht? • Was passiert, als sich die beiden um den Ring streiten?

? ? Warum gönnt Elli ihrem Bruder den Ring nicht? • Elli ist neidisch auf den goldenen Ring. Sie möchte ihn gerne selbst haben. Hast du so etwas auch schon mal erlebt? • Warum will Konstantin den Ring nicht hergeben?

? ? ? Was weißt du über Elstern? • Elli ist neidisch auf den goldenen Ring. Was bedeutet Neid? • Was glaubst du, wie fühlen sich Elli und Konstantin, als der Ring im Gulli verschwindet?

© Javier Castro | Fotolia.com

19 Jamiras Vulkanausbruch

Es ist ein sonniger und warmer Tag. Doch Jamira hat keine Lust, nach draußen zu gehen. Schließlich gibt es dieses coole Spiel, das sie gestern online entdeckt hat. Mit einer Packung Eis und reichlich Cola macht sie es sich vor dem Computer gemütlich.

Völlig versunken, baut sie neue Städte auf und füttert ihre virtuellen Tiere. Das macht vielleicht Spaß! Jamira ist so in die virtuelle Welt versunken, dass sie gar nicht bemerkt, wie ihre Schwester das Zimmer betritt.
„Hey, Pflaume. Mach mal Schluss. Ich muss unbedingt mit meinen Freunden chatten. Wir sind für drei Uhr verabredet und es ist schon kurz vor drei", erklärt Jamiras große Schwester Helena.
Doch Jamira denkt gar nicht daran, den Platz zu räumen. Soll Helena doch sehen, was sie macht. Schließlich ist es ja auch nicht nett, dass ihre Schwester sie immer „Pflaume" nennt. Das ist total fies und gemein.
Helena lässt allerdings nicht locker. Sie stellt sich direkt neben Jamira und beobachtet sie. Jamira merkt, wie wieder dieses komische Gefühl in ihrem Körper entsteht. Es kommt aus dem Bauch und breitet sich rasch im ganzen Körper aus.
„Lass mich in Ruhe und verschwinde!", herrscht Jamira ihre Schwester an.
„Ich denk gar nicht dran. Geh raus und spiel mit deinen Freunden", meint Helena, bevor sie mit einem süffisanten Grinsen hinzufügt: „Ach, das hätte ich ja fast vergessen. Du hast ja gar keine Freunde."
Jetzt gibt es für Jamira kein Halten mehr. Die Wut, die sich eben schon breitgemacht hat, nimmt von ihr vollkommen Besitz. Wie bei einem echten Vukanausbruch entlädt sie sich in einem Schwall von Schimpfwörtern. Jamiras Gesicht verzieht sich zu einer hässlichen Grimasse, während sie ihre Schwester mit ziemlich fiesen Wörtern benennt. Gegen all diese Wörter ist der Name „Pflaume" wirklich lieb und nett. Doch Jamiras Wut kann noch mehr. Mit voller Wucht tritt sie Helena gegen das Bein. Erschrocken schreit Helena um Hilfe. Mal schauen, was Papa zu sagen hat, wenn Helena ihn ruft.

Gesprächsleitfaden

Jamiras Vulkanausbruch

Themen Wut, Zorn, Aggression, Streit, Geschwister

Frageimpulse ? Was macht Jamira am Computer? • Wie nennt Helena ihre Schwester? • Warum möchte Helena an den Computer? • Wie reagiert Jamira?

? ? Es ist ein schöner Tag. Warum geht Jamira nicht raus? • Helena behauptet, dass Jamira keine Freunde hat. Was glaubst du: Wie fühlt sich Jamira dabei? • Wie zeigt Jamira ihre Wut?

? ? ? Obwohl schönes Wetter ist, möchte Jamira ihre Zeit lieber am Computer verbringen. Kannst du das verstehen? • Was, denkst du, wird Papa zu Jamiras Wutausbruch sagen? • Was, macht dich wütend? • Was machst du, wenn du richtig wütend wirst?

20 Das Glück der Sterne

„Mann, bin ich müde", gähnt Lilly und legt sich ins Bett.
Es ist zwar erst Mittag, aber sie ist so müde, dass sie sich dringend kurz ausruhen muss.
Als Lilly einschläft, hat sie einen verrückten Traum …

Plötzlich findet sie sich in den riesigen Weiten des Universums wieder. Rings um sie herum funkelt und glitzert es. Abermillionen von Sternen erleuchten das große, dunkle All.
„Wo bin ich?", fragt Lilly.
„Du bist nun ein Stern, kleine Lilly", antwortet ein großer Stern in Lillys Nähe.
„Ein Stern? Was ist ein Stern?", will Lilly wissen.
„Schau dich einmal um. Sterne sind reine Kraft und reines Licht. Schau, wie wir alle funkeln. Ein jeder von uns hat sich so gestaltet, wie es ihm gefällt. Es gibt große, kleine, dicke und dünne Sterne. Manche Sterne haben viele Zacken. Andere nur wenige. Es gibt grüne, blaue, rote, gelbe, lila, weiße, schwarze, goldene, silberne und viele andere Sterne. Manche Sterne ändern jeden Tag ihr Aussehen – ganz einfach, weil sie es können. Andere Sterne hingegen ändern ihr Aussehen nie, denn sie mögen sich genauso, wie sie sind. Obwohl jeder Stern anders aussieht, haben sie alle eines gemeinsam: Sie sind glücklich", erklärt der andere Stern.
„Aber wie kann man denn glücklich sein, wenn man ein Stern ist? Hier gibt es doch rein gar nichts zu tun!", jammert Lilly.
Der andere Stern lacht.
„Genau das, meine Liebe, wirst du in deiner Zeit als Stern erleben. Du darfst fühlen, wie es ist, einfach von Herzen glücklich zu sein. Als du noch auf der Erde warst, brauchtest du immer irgendetwas von außen, das dich glücklich gemacht hat. Du warst auf andere Lebewesen und Dinge angewiesen. Als Stern hingegen bist du vollkommen und das macht dich glücklich."
Während Lilly noch über all das nachdenkt, flackert es plötzlich neben Lilly kurz auf. Einer der Sterne, der eben noch neben Lilly geleuchtet hatte, ist verschwunden.
„Was ist denn nun los?", wundert sich Lilly.
Der andere Stern lacht und tanzt vor Freude.
„Dieser Stern, meine Liebe, hat soeben beschlossen, auf die Erde zurückzukehren. Du musst wissen, wir alle haben hier die Möglichkeit, uns eine Zeit lang auszuruhen und das Glück zu genießen. Doch irgendwann wird es für jeden von uns Zeit, ein wenig zu lernen. Deshalb gehen wir von hier fort."
Lilly wundert sich.

„Wohin gehen wir denn dann und was sollen wir dort lernen?"
„Das, meine Liebe, wirst du wissen, wenn es so weit ist. Nun darfst du dich erst einmal darin üben, einfach nur glücklich zu sein", meint der andere Stern mit einem Zwinkern.

„Lilly! Lilly!!! Hast du wieder mein Computerspiel genommen, ohne zu fragen?!", brüllt Lillys Bruder Marvin.
Lilly schreckt aus ihrem Traum hoch und schaut Marvin ein paar Sekunden verwirrt an. Das war vielleicht ein merkwürdiger Traum! Aber irgendwie auch schön …

Gesprächsleitfaden

Das Glück der Sterne

Themen Glück, Zufriedenheit, Wünsche

Frageimpulse ? Was ist Lilly in ihrem Traum? • Was haben alle Sterne gemeinsam? • Was passiert mit dem Stern, der neben Lilly geleuchtet hatte?

? ? Wenn du ein Stern wärst, wie sähest du dann aus? • Wieso sind die Sterne alle glücklich? • Was macht dich glücklich?

? ? ? Der Stern sagt zu Lilly, dass wir auf der Erde immer irgendetwas von außen brauchen, das uns glücklich macht. Was könnte damit gemeint sein? • Die Sterne sind vollkommen und deshalb glücklich. Sie haben keine Wünsche. Wie stellst du dir ein Leben ohne Wünsche vor? • Was hast du für Wünsche?

21 Das neue Katzenbaby

Susi ist schon eine recht alte Katzendame und genießt die Annehmlichkeiten, die das Leben bei den Menschen so mit sich bringt: Susi hat ein eigenes Körbchen in der Nähe des Kamins, sie bekommt leckeres Futter und Wasser und ihr Katzenklo wird auch regelmäßig gereinigt. Wenn sie möchte, dann streicheln ihre Menschen sie und wenn sie keine Lust mehr hat und drohend die Pfote erhebt, dann die hören die Menschen auch sofort damit auf. Möchte Susi nach draußen, dann schlendert sie einfach durch die Katzenklappe hindurch. Hat sie keine Lust mehr darauf, dann wandert sie wieder hinein und sucht sich dort ein gemütliches Plätzchen aus. Susis Leben ist eben so, wie es für eine Katze sein sollte.

Doch eines Tages, als Susi von einer ausgiebigen Revierrunde zurückkommt, sitzt plötzlich ein kleiner Babykater auf ihrem Lieblingsplatz. Susi traut ihren Augen kaum, als sie diese Unverschämtheit bemerkt. Hilfesuchend blickt sie sich nach ihren Menschen um. Doch diese haben sich bereits um das Katzenbaby versammelt und überschütten es mit ihrer Zuneigung. „Schau mal, Susi, wir haben ein neues Katzenbaby. Sein Name ist Gilbert und er wohnt nun bei uns“, verkünden die Menschen begeistert.
Doch Susis kann diese Begeisterung nicht teilen. Wortlos kehrt sie dem Katzenkind den Rücken zu und wirft ihren Menschen einen verächtlichen Blick zu. Wie können sie es nur wagen, jemand Fremdes in ihr Katzenparadies zu lassen? Nicht, dass Susi unglaublich gerne gestreichelt würde, doch dass sie diesen Kater streicheln, ist ja wohl eine bodenlose Unverschämtheit! Aus dem Augenwinkel sieht sie, dass die Menschen ihm sogar ihr Lieblingsspielzeug gegeben haben.
Während Susi noch fieberhaft überlegt, wie sie die Situation am besten lösen kann, springt der Kater plötzlich auf und rennt fauchend auf Susi zu. Susi faucht wütend zurück. Doch da schimpfen Susis Menschen sofort mit ihr. So bleibt Susi nichts anderes übrig, als schnell durch die Katzenklappe zu flüchten.
Während sie sich unter einem Busch zusammenrollt, denkt sie an die guten, alten Zeiten, als sie ihr Haus und ihre Menschen noch nicht teilen musste. Dieses blöde Katzenbaby!

Gesprächsleitfaden

Das neue Katzenbaby

Themen Eifersucht

Frageimpulse

? Wie ist Susis Leben, bevor Gilbert einzieht? • Wie reagiert Susi, als sie Gilbert sieht? • Was machen die Menschen? • Wie reagiert Gilbert, als er Susi sieht?

? ? Susi ist eifersüchtig auf Gilbert. Weißt du, wieso? • Warst du auch schon mal eifersüchtig? • Was denkst du: Wie fühlt sich Gilbert, als er Susi sieht?

? ? ? Wie denkst du darüber, dass die Menschen ein neues Katzenbaby ins Haus geholt haben? • Was glaubst du: Warum faucht Gilbert Susi an? • Wie könnte die Geschichte weitergehen? • Was könnten die Menschen machen, um Susi und Gilbert das Zusammenleben zu erleichtern?

22 Mario findet das Glück wieder

„Plong"– mit einem klirrenden Geräusch schließt sich die Käfigtür hinter Mario. Der kleine Hund hat eine lange Reise hinter sich, nur um nun wieder in einem Käfig zu sitzen. Mit traurigen Augen schaut sich Mario im Tierheimzwinger um. Die Menschen sprechen eine völlig andere Sprache. Sie bemühen sich zwar, es ihm so angenehm wie möglich zu machen, aber trotzdem fühlt sich Mario sehr einsam und alleine. Er vermisst sein altes Leben – das Leben, bevor ihn die Hundefänger eingesammelt haben und in ein riesiges Tierheim brachten. Dort hatte Mario große Angst. Er kannte nur das Leben in Freiheit.
Früher einmal konnte er tun und lassen, was er wollte. Er konnte überallhin, niemand machte ihm Vorschriften.
Doch nun sitzt er bereits seit so langer Zeit in unterschiedlichen Hundegefängnissen, dass er schon fast vergessen hat, wie sich Freiheit anfühlt.

Mario seufzt und rollt sich in einer Ecke zusammen. Seine Schlappohren hängen vor lauter Traurigkeit noch ein wenig mehr herab als ohnehin schon. Menschen gehen an seinem Zwinger vorbei. Doch Mario nimmt keine Notiz von ihnen. Warum sollte er auch? Schließlich haben ihn die Menschen erst in diese Lage gebracht.

Plötzlich öffnet sich die Tür zu seinem Käfig. Eine junge Frau kommt herein und spricht sanft seinen Namen. Die Stimme klingt in Marios Ohren wie Musik. So freundlich hat ihn noch nie jemand angesprochen. Mario hebt vorsichtig den Kopf.
Als er in die Augen der jungen Frau blickt, spürt er, dass sie für ihn etwas ganz Besonderes werden wird. Sie lächelt so sanft, wie sie gesprochen hat. Und sie scheint ihn tatsächlich zu mögen! Schwanzwedelnd geht Mario auf die junge Frau zu. Nachdem er sie ausgiebig beschnuppert hat – wie gut sie riecht! –, legt er seinen Kopf mit einem wohligen Seufzen in ihre Hand.
Wie weggeblasen sind die Gefühle der Einsamkeit und die Traurigkeit, die den kleinen Hund nun so viele Jahre begleitet hat. Mario weiß: Mit diesem Menschen kehrt das Glück wieder zurück. Und so zögert er auch keine Sekunde, als die Frau ihn aus dem Zwinger hinaus zu ihrem Auto führt.

Gesprächsleitfaden

Mario findet das Glück wieder

Themen Trauer, Einsamkeit, Vertrauen

Frageimpulse ? Wo wohnt Mario? • Warum ist Mario traurig? • Wie sah Marios Leben aus, bevor er von den Hundefängern aufgegriffen wurde?

? ? Wie fühlt sich Mario, als die Frau in seinen Käfig kommt? • Warum wedelt Mario mit dem Schwanz? • Wie könnte die Geschichte weitergehen?

? ? ? Die Erinnerung an sein altes Leben macht den kleinen Hund traurig. Was hat sich in seinem Leben verändert? • Was macht dich traurig? • Mario fühlt sich einsam. Was ist Einsamkeit? • Warst du schon einmal in einem Tierheim? Wie war es dort?

23 Das komische Gefühl im Körper

Sehnsüchtig starrt Tim in den Supermarkt-Prospekt. Da ist es: Das neue Piraten-Computerspiel, das er unbedingt haben möchte. Wenn es nur nicht so teuer wäre!
Schon seit Wochen bettelt Tim seine Eltern immer wieder an, ihm das Spiel zu kaufen oder ihm wenigstens ein bisschen Geld zu leihen. Aber Mama und Papa sind hart geblieben. „Du bekommst doch jede Woche drei Euro Taschengeld. Wenn du die sparst, kannst du dir das Spiel in zwei Monaten selbst kaufen", hat Mama gesagt.
Tim fand das blöd und gemein. Zwei Monate sind eine ewig lange Zeit. So lange kann er einfach nicht mehr warten! Außerdem ist das mit dem Sparen gar nicht so leicht. Schließlich gibt es noch so viele andere Dinge, die er sich kaufen möchte. Süßigkeiten am Kiosk zum Beispiel oder ein Fußballheft. Und so fehlen Tim jetzt noch immer 20 Euro für das Computerspiel.

„Tim, kommst du? Wir müssen doch gleich zum Friseur!", ruft Mama aus dem Wohnzimmer. Auch das noch. Das hat Tim ja ganz vergessen. Er wirft noch einen letzten sehnsüchtigen Blick auf das Computerspiel, dann holt er seine Jacke und zieht sich die Schuhe an.

Im Auto sitzt Tim wie immer hinten. Er starrt aus dem Fenster und ist ziemlich missmutig. Der Gedanke, dass er noch so lange warten muss, bis er sich das Spiel kaufen kann, verdirbt ihm seine ganze Laune.
Direkt neben ihm liegt Mamas Handtasche. Als Mama in der Kurve arg bremsen muss, fällt plötzlich ihr Portemonnaie aus der Handtasche. Tim starrt für einige Sekunden wie hypnotisiert darauf. Und ehe er richtig darüber nachdenken kann, hat er auch schon danach gegriffen. Mama bekommt davon nichts mit. Tim schaut vorsichtig in das Portemonnaie und entdeckt direkt einen 20-Euro-Schein. Und genau diese 20 Euro fehlen ihm noch für das Computerspiel …
„Mama hat doch genug Geld. Sie wird gar nicht merken, wenn ihr 20 Euro fehlen", denkt Tim.
Schnell zieht er den 20-Euro-Schein heraus, steckt ihn in seine Hosentasche und wirft Mamas Portemonnaie zurück in die Handtasche. Geschafft! Jetzt kann er sich endlich das Spiel kaufen! Tim ist so glücklich, dass er anfängt, zu strahlen. Mama schaut in den Rückspiegel, sieht Tims Lächeln und lächelt ihn ebenfalls an. Tim lächelt zurück.
Doch nach einer Zeit spürt er so ein komisches Gefühl im Körper. Irgendwie fühlt es sich falsch an, Mama anzulächeln, oder?

Gesprächsleitfaden

Das komische Gefühl im Körper

Themen Gewissen, Stehlen

Frageimpulse

? Was möchte Tim unbedingt haben? • Wieso kaufen Tims Eltern ihm das Spiel nicht? • Was macht Tim, als Mamas Portemonnaie aus ihrer Tasche fällt?

? ? Wie viel Taschengeld bekommst du? • Wolltest du auch schon mal etwas unbedingt haben und musstest dafür sparen? Wie fandest du das? • Wie findest du es, dass Tim seine Mama bestiehlt?

? ? ? Hast du eine Idee, was dieses komische Gefühl sein könnte, das Tim am Ende verspürt? • Hast du dein Gewissen auch schon einmal gespürt? Wie hat es sich angefühlt? • Wie könnte die Geschichte weitergehen?

24 Wenn Herzen tanzen

Gedankenversunken schaut Frieda auf den angrenzenden Bolzplatz, während sie mit ihren Freundinnen Emma und Carolin auf dem Schulhof steht.

Friedas Herz beginnt plötzlich, aufgeregt zu hüpfen. Es fühlt sich an, als würden Abertausende von Schmetterlingen in ihrem Körper tanzen und dieses elektrisierende Kribbeln erzeugen. Der Grund für Friedas wohlig warmes Gefühl ist Joel aus der 4b, der drüben auf dem Bolzplatz mit seinen Freunden Fußball spielt. Schon seit Wochen spukt er in Friedas Kopf herum und immer, wenn sie ihn sieht – naja, dann fühlt sich alles so schön an.

Während Frieda weiterhin Joel aus der Ferne beobachtet, mischt sich plötzlich Emma in ihr Gedankenkarussell ein.

„Frieda, hast du mir überhaupt zugehört?", will Emma wissen.

„Ähm, ähm … Ich war grad ganz woanders", versucht sich Frieda stammelnd an einer Erklärung.

Doch Emma winkt lachend ab. Sie kennt ihre Freundin nur zu gut, um zu wissen, dass Frieda mal wieder in ihrer Herzchenwelt versunken war. Denn natürlich hat Frieda ihren Freundinnen von Joel erzählt und davon, wie toll sie ihn findet.

„Och Mann, ich möchte mich auch so gerne mal verlieben", seufzt Carolin. „Wie hast du das nur gemacht?", will sie von Frieda wissen.

„Ich habe gar nichts gemacht. Das mit dem Verlieben ist von ganz alleine passiert", erklärt Frieda mit einem Zwinkern.

Plötzlich stößt Emma sie unsanft in die Seite. „Da, er kommt!", zischt sie. Tatsächlich, bevor Frieda realisieren kann, was da gerade geschieht, steht plötzlich Joel vor ihr und reicht ihr einen Zettel.

Noch ehe Frieda irgendetwas sagen kann, ist ihr Schwarm auch schon wieder verschwunden. Unter größter Spannung öffnet Frieda den Zettel. Als sie die Zeilen liest, beginnt sich plötzlich alles zu drehen. Ihr Herz tanzt so arg, dass Frieda befürchtet, es könnte versehentlich herausplumpsen.

„Na, sag schon, was steht auf dem Zettel?", drängen Emma und Carolin.

Aber Frieda lächelt nur glücklich, steckt den Zettel behutsam in ihre Hosentasche und sagt: „Das bleibt ein Geheimnis."

Gesprächsleitfaden

Wenn Herzen tanzen

Themen verliebt sein, Liebe, Freundschaft

Frageimpulse ? Warum klopft Friedas Herz so stark, als sie Joel sieht? • Warst du auch schon mal verliebt? • Carolin möchte sich auch gerne verlieben. Was antwortet Frieda ihr darauf? • Glaubst du, dass Joel auch in Frieda verliebt ist?

? ? Wie fühlt sich das Verliebtsein für Frieda an? • Wie denkst du über das Verliebtsein? • Was, denkst du, könnte auf dem Zettel stehen, den Joel Frieda gibt?

? ? ? Was bedeutet eigentlich Verliebtsein? • Denkst du, dass man sich bewusst verlieben kann? • Denkst du, dass es einen Unterschied zwischen Verliebtsein und Liebe gibt?

25 Höre, was dein Herz sagt

Seit Stunden sitzt Viola auf dem Sofa und denkt angestrengt nach. Es scheint fast so, als würde die Sache mit dem Denken von Minute zu Minute schwieriger. Viola hat da nämlich ein Problem. Sie muss sich entscheiden. Und das ist für Viola sowieso immer schon eine schwierige Sache. Endlich haben ihre Eltern ihr erlaubt, dass sie ein Haustier haben darf. Schon als Viola klein war, wollte sie unbedingt ein Haustier haben. Nun ist sie neun und damit ja schon echt groß. Also darf sie auch endlich das lang ersehnte Haustier haben.
Allerdings muss sich Viola entscheiden, ob sie lieber eine Katze oder lieber einen Hund haben möchte. Am liebsten wäre ihr ja beides. Doch das wollen Mama und Papa nicht. Also sitzt Viola auf dem Sofa und überlegt.

Katzen sind so süß und machen nicht so viel Arbeit. Gut, Viola muss das Katzenklo sauber machen, die Katze füttern und mit ihr spielen. Doch sie muss nicht mit ihr spazieren gehen. Katzen sind nämlich ziemlich selbstständig. Das weiß Viola von ihrer Freundin Jana. Die hat nämlich eine Katze. Allerdings sind Katzen auch ziemlich eigensinnig. Janas Katze lässt sich nur streicheln, wenn sie das will. Wenn Jana die Katze streichelt und die Katze hat keine Lust, dann haut sie auch mal nach Jana.
Ein Hund ist irgendwie ganz anders. Hunde sind eher menschenbezogen. Das weiß Viola von Max. Max ist der Hund von Oma und Opa. Wenn Viola bei ihnen ist, weicht Max nicht von ihrer Seite. Max bringt auch Stöckchen und Bälle, wenn Viola sie wirft. Außerdem kann sie Max jederzeit streicheln und draußen mit ihm spielen und über die Felder rennen. Das macht schon ziemlich viel Spaß. Doch von Oma weiß sie, dass Max bei jedem Wetter spazieren gehen will. Ob Viola so viel Lust hat, bei Regen und Sturm draußen rumzulaufen, weiß sie nicht.
„Ich sollte Oma fragen", denkt Viola und greift zum Telefon.
Als Oma abnimmt, erzählt Viola ihr von der schwierigen Entscheidung. Oma hört geduldig zu. Als Viola fertig ist, meint Oma: „Weißt du, Schatz, du machst eine Sache falsch. Du versuchst, deine Entscheidung nur mit deinem Kopf zu treffen, indem du nachdenkst. Doch so geht das nicht. Du musst auch darauf hören, was dein Herz sagt."
Viola ist verwirrt. Wie soll das denn gehen? Doch bevor sie Oma danach fragen kann, hat Oma schon wieder aufgelegt, weil sie dringend wegmuss.

Gesprächsleitfaden

Höre, was dein Herz sagt

Themen Entscheidungen treffen, herzbasierte Entscheidungen, zu viel denken

Frageimpulse ? Was muss Viola entscheiden? • Was weiß Viola über Janas Katze und Omas Hund? • Was stört Viola an Katzen, was stört sie an Hunden? • Viola bittet Oma um Rat. Welchen Tipp gibt Oma ihr?

? ? Musstest du dich auch schon einmal entscheiden? • Wie versucht Viola, eine Entscheidung zu treffen? • Oma sagt, dass Viola ihre Entscheidung nur mit dem Kopf trifft. Was meint sie damit? • Wie soll Viola ihre Entscheidung treffen?

? ? ? Wie würdest du dich an Violas Stelle entscheiden?
• Was glaubst du: Wie trifft man eine Entscheidung mit dem Herzen?
• Wie triffst du deine Entscheidungen?

26 Teddys Ausflug zur Schule

Erst seit Kurzem geht Joana in die neue Schule. Sie ist mit ihren Eltern in eine andere Stadt gezogen. Dort ist für Joana noch alles fremd. Die vielen neuen Gesichter, das neue Haus, der neue Schulweg und natürlich ihre neue Schule. Wenn doch bloß einer ihrer alten Freunde da wäre, dann würde sie sich nicht so alleine fühlen.
Die Kinder hier sind zwar alle ganz nett, aber alle kennen sich schon viel länger und Joana fühlt sich ausgeschlossen. Ständig reden die Kinder miteinander über andere Mitschüler, die Joana nicht kennt, oder über Dinge von der letzten Klassenfahrt, bei der Joana natürlich auch nicht dabei war.
Um sich weniger alleine zu fühlen, hat Joana ihren alten Teddybären mitgenommen. Teddy ist tief unten im Schulranzen vergraben, damit ihn bloß keiner entdeckt. Keines der anderen Kinder hat einen Teddy dabei und da Joana unbedingt dazugehören möchte, muss Teddy den gesamten Vormittag in seinem sicheren Versteck verbringen. Eigentlich tut Teddy ihr ein wenig leid, schließlich ist es im Schulranzen arg dunkel, aber da muss der gute, alte Bär nun einfach einmal durch.

Heute geht Joana, mal wieder alleine, zum Klassenraum. Sie ist so in Gedanken vertieft, dass sie den Stuhl, der einfach im Gang herumsteht, gar nicht bemerkt. Rums, da ist es auch schon passiert: Joana fällt mit lautem Gepolter darüber. Alle anderen Kinder schauen Joana an und lachen. Das ist ihr unglaublich peinlich. Doch die Kinder lachen nicht, weil Joana hingefallen ist, sondern weil Teddy beim Sturz aus dem Ranzen gekullert ist und nun für jeden sichtbar mitten im Flur liegt.
„Schaut mal, die Neue hat einen Teddybären dabei“, feixt Marie.
„Lass sie in Ruhe. Das ist echt gemein!“, ruft da Emma, während sie sich schützend vor Joana stellt. „Was glaubt ihr denn, wie sich Joana fühlt? Für sie ist alles schon schwer genug. Da sollten wir uns nicht noch über sie lustig machen.“
Joana schaut Emma erstaunt an. Bisher hat sie kaum etwas gesagt und jetzt setzt sie sich so für Joana ein. Die beiden Mädchen lächeln sich an. Joana spürt, dass Emma bestimmt eine gute Freundin werden wird.

Gesprächsleitfaden

Teddys Ausflug zur Schule

Themen Mitgefühl, Einsamkeit

Frageimpulse

❓ Wie fühlt sich Joana in der neuen Schule? • Warum nimmt Joana Teddy mit? • Wie reagieren die Kinder darauf, als Teddy aus dem Schulranzen fällt? • Was sagt Emma dazu?

❓❓ Warum fühlt sich Joana einsam? • Warum darf Teddy nicht aus der Schultasche herauskommen? • Was glaubst du: Warum lachen die Kinder sie aus? • Wieso denkt Joana, dass Emma eine gute Freundin werden wird?

❓❓❓ Warst du schon einmal irgendwo neu? Wie war das für dich? • Joana nimmt Teddy mit, um sich nicht alleine zu fühlen. Hast du so etwas auch schon mal gemacht? • Emma versetzt sich in Joanas Lage. Sie fühlt mir ihr. Was weißt du über Mitgefühl?

© Martina Berg | Fotolia.com

27 Alexanders großer Tag

Heute ist Samstag, aber ist kein gewöhnlicher Samstag für Alexander, denn er hat Geburtstag. Schon früh am Morgen erwacht Alexander. Es ist noch dunkel draußen. Doch er kann vor lauter Spannung und Vorfreude nicht mehr schlafen. Es gelingt ihm, noch eine Weile liegen zu bleiben. Aber als die ersten Vögel zwitschern, springt Alexander mit einem großen Satz aus dem Bett. Schnurstraks läuft er ins Elternschlafzimmer, um Mama und Papa zu wecken.

„Hier kommt das Geburtstagskind!", ruft Alexander, bevor er mit einem Sprung im Elternbett landet.

„Herzlichen Glückwunsch, mein Schatz", gratuliert Mama.

Papa brummelt irgendetwas im Halbschlaf. Aber es scheint auch ein Glückwunsch zu sein. Zumindest tätschelt er Alexander über den Kopf.

Mama kennt Alexander nur zu gut. Deshalb weiß sie auch, dass er es nicht mehr abwarten kann, endlich sein Geschenk auszupacken. Mama steht rasch auf und holt ein großes Paket aus dem Kleiderschrank. Es ist in hübsches, grünes Papier gewickelt und trägt eine tolle, große Schleife. Doch dafür hat Alexander keinen Blick. Er wünscht sich schon so lange dieses tolle, neue, ferngesteuerte Auto, das er im Spielzeugladen gesehen hat. Es ist dunkelblau und hat silberne Blitze auf der Seite. Wenn er mit diesem Flitzer draußen rumsaust, dann werden seine Freunde bestimmt Augen machen und sie wären schrecklich neidisch auf ihn und sein Auto. So hat Alexander es sich ausgemalt und nun kann er es kaum noch erwarten, sein tolles, neues Auto auszupacken. Mama und Papa, der mittlerweile auch aufgestanden ist, sehen ihm zu, als er in Windeseile das Geschenkpapier aufreißt, um endlich den Inhalt zu betrachten. Es ist ein ferngesteuertes Auto – aber es ist nicht sein dunkelblauer Flitzer mit silbernen Blitzen, sondern ein rotes Auto mit goldenen Streifen auf der Seite und einem goldenen Heckspoiler. Alexander fühlt, wie ihm Tränen der Enttäuschung in die Augen treten.

„Na, freust du dich, Alexander?", Mama sieht ihn erwartungsvoll an.

Aber Alexander freut sich überhaupt nicht. Das ist das falsche Auto.

„Ich hatte mir doch das blaue Auto aus dem Spielzeugladen gewünscht." Alexander versucht, die Tränen herunterzuschlucken.

„Ja, aber dieses Auto ist ein ganz besonderes Auto" sagt sein Vater ein wenig unsicher. Er merkt, dass Alexander nicht so begeistert ist.

„Was soll daran schon besonders sein?" Alexander steht wütend auf. „Das hat noch nicht mal silberne Blitze drauf und ist sowieso ganz doof!"

Er lässt das Auto auf den Boden fallen und rennt in sein Schlafzimmer.

Als Mama leise an seine Tür klopft, sitzt Alexander auf seinem Bett und wischt sich die Tränen ab. Was für ein blöder Geburtstag! Mama setzt sich neben Alexander und legt einen Arm um ihren Sohn.
„Es tut uns leid. Papa hatte die Idee, dass er dir sein altes Auto schenkt, mit dem er als Kind gespielt hat. Er hat es für dich wochenlang repariert, verbessert und lackiert. Jetzt ist es genauso schnell wie die Autos aus dem Spielzeugladen, weißt du? Wir dachten, wir machen dir eine Freude, wenn du ein ganz besonderes Auto zum Geburtstag kriegst."
Alexander blickt auf. „Aber ich hatte mich so auf das dunkelblaue Auto gefreut."
Er ist immer noch schrecklich enttäuscht.
„Was hältst du davon, draußen eine Runde mit dem Auto zu spielen? Ich habe gesehen, dass da schon ganz viele Kinder sind. Papa und ich backen in der Zwischenzeit einen leckeren Kuchen für deine Geburtstagsfeier am Nachmittag."
Widerwillig zieht Alexander sich an, frühstückt schnell etwas und holt dann sein neues Auto, um damit nach draußen zu seinen Freunden zu gehen.

Draußen wird er sofort von ihnen in Beschlag genommen. Sie gratulieren ihm zum Geburtstag und wollen wissen, ob er den tollen, dunkelblauen Flitzer aus dem Spielzeugladen bekommen hat. Ein wenig zögernd zeigt Alexander seinen Freunden das rote Auto.
Sein Freund Paul fragt ein wenig enttäuscht: „Warum hast du nicht das blaue mit den silbernen Blitzen bekommen?"
Alexander erzählt seinen Freunden, dass das Auto früher seinem Papa gehört hatte und er es für ihn umgebaut hat. Er erzählt es ganz kleinlaut, weil er ein wenig Angst hat. Doch als er fertig ist, sehen ihn seine Freunde mit großen Augen an.
„Du darfst mit den Spielsachen von deinem Papa spielen?", fragt einer ganz erstaunt und ein anderer sagt: „Dein Papa hat das Auto extra für dich umgebaut?"
Alle seine Freunde sind total begeistert von dem Auto und wollen es gleich ausprobieren.
Als Alexanders Mutter ihn ins Haus ruft, nimmt er vorsichtig das Auto und verabschiedet sich von seinen Freunden. Paul wünscht ihm noch einen schönen Geburtstag und flüstert dann noch leise hinterher: „Du hast einen tollen Papa!"
Beim Kuchenessen denkt Alexander viel über das Auto und seinen Papa nach.
Paul hatte Recht: Sein Papa ist schon ganz toll.
Beschämt geht Alexander zu Papa hin und murmelt mit gesenktem Kopf:
„Entschuldige, Papa!"
Papa weiß genau, was Alexander meint, und nimmt ihn einfach nur in den Arm.
„Ich finde dein Auto viel besser als das aus dem Spielzeugladen!"
Papa drückt Alexander ganz fest an sich. Jetzt ist es doch ein richtig toller Geburtstag.

Gesprächsleitfaden

Alexanders großer Tag

Themen Enttäuschung, Geburtstag, feiern

Frageimpulse ? Was wünscht sich Alexander zum Geburtstag? • Was bekommt Alexander zum Geburtstag? • Wie reagieren Alexanders Freunde auf sein Auto?

? ? Warum hat Alexander Angst, seinen Freunden von dem roten Auto zu erzählen? • Wieso findet Paul, dass Alexander einen tollen Papa hat?

? ? ? Alexander ist ganz aufgeregt, weil er Geburtstag hat. Wie fühlst du dich an deinem Geburtstag? • Hast du schon mal ein Geschenk bekommen, das du dir gar nicht gewünscht hattest? Was hast du da gemacht? • Am Ende freut sich Alexander doch über das rote Auto. Kannst du das verstehen?

Werte

28 Regeln sind beknackt

„Ich hasse die Schule!", brüllt Ben und knallt wütend die Tür zu.
„Hey, was soll das denn?", schimpft Mama und baut sich vor Ben auf.
„Nichts. Heute ist einfach nur ein total beknackter Scheißtag", gibt Ben zur Antwort und windet sich an Mama vorbei in Richtung Küche.
„Stopp!", ruft Mama und verbaut ihm den Weg. „In diesem Ton reden wir hier nicht miteinander. Du weißt genau, dass es hier zu Hause Regeln gibt. Und eine davon besagt, dass wir freundlich zueinander sind. Mit der Tür zu knallen, gehört übrigens auch nicht unbedingt zu einem höflichen Umgang", maßregelt sie Ben.
Oh man, auch das noch! Als hätte Ben heute nicht schon genug am Hals. Jetzt fängt auch noch Mama mit ihren blöden Regeln an. Diese bescheuerten Regeln haben ihm in der Schule schon gründlich die Laune verdorben und jetzt macht Mama an genau dem Punkt weiter.
Mama scheint zu ahnen, dass sie Bens wunden Punkt getroffen hat. Versöhnlich legt sie ihm den Arm um die Schulter. „Möchtest du drüber reden?", will sie wissen.
Ben seufzt. Doch irgendwie ist es vielleicht gar nicht so schlecht, mit Mama über den Vormittag zu reden. Immerhin wurde er heute mehr als ungerecht behandelt. Außerdem hat Frau Schmidt ja eine Nachricht für Mama ins Hausaufgabenheft geschrieben, die Ben unterschreiben lassen muss. Ben holt tief Luft.
„Heute im Unterricht hat Frau Schmidt mit uns über Ritter gesprochen. Dabei hat sie aber viele Sachen ganz falsch dargestellt, weil sie nicht so viel Ahnung von Rittern hat. Naja, und da habe ich das dann richtiggestellt", erklärt Ben.
„Und was war dann?", bohrt Mama nach.
„Dann hat Frau Schmidt mir das ins Hausaufgabenheft geschrieben", erklärt Ben und hält Mama das Heft unter die Nase.
„‚Ben hält sich nicht an Regeln'", liest Mama vor. „Ben, sag mal, was war denn noch? Frau Schmidt schreibt doch nicht diesen Satz, nur weil du sie verbessert hast", meint Mama.
„Also gut … Ich habe mich nicht gemeldet, sondern bin ihr ins Wort gefallen. Aber auch nur, weil sie so viele falsche Sachen gesagt hat! Und dann konnte ich mir das irgendwann nicht mehr anhören. Du weißt, dass ich echt viel Ahnung von Rittern habe! Deshalb bin ich halt mal eine Runde auf den Schulhof gegangen", berichtet Ben.
Mama schaut Ben mit großen Augen an.
„Wie? Du bist einfach aus dem Klassenraum gegangen?", fragt sie.
Ben nickt.

„Aber Ben, du kannst doch nicht einfach während des Unterrichts aufstehen und gehen", seufzt Mama.
„Ich mag aber all die beknackten Regeln nicht. Das nervt so!", meckert Ben.
„Aber ohne Regeln geht es nun mal nicht. Stell dir mal vor, es gäbe keine Regeln. Das wäre ja ein heilloses Durcheinander!", meint Mama.
„Aber wieso? Ohne Regeln wäre doch alles viel cooler", findet Ben.
„Naja, ich weiß nicht", sagt Mama und lächelt schließlich: „Wir können ja heute Abend mal alle zusammen überlegen, wie es wohl so ganz ohne Regeln wäre …"

Gesprächsleitfaden

Regeln sind beknackt

Themen Regeln

Frageimpulse

? Welche Regeln gibt es bei Ben zu Hause? • Warum hat Ben seine Lehrerin verbessert? • Was steht in seinem Hausaufgabenheft?

? ? Welche Regeln hat Ben in der Schule gebrochen? • Wie denkst du darüber, dass Ben sich nicht an die Regeln gehalten hat? • Hast du dich auch schon einmal nicht an eine Regel gehalten?

? ? ? Ben sagt: „Ich mag all die beknackten Regeln nicht." Was meinst du dazu? • Was glaubst du: Warum sind Regeln wichtig? • Was wäre, wenn es in der Schule oder zu Hause keine Regeln gäbe?

29 Ronny und die Walnüsse

Vor langer Zeit lebte ein Rabe namens Ronny. Ronny war Teil einer großen Rabengemeinschaft, in der er sich sehr wohl fühlte. Gemeinsam mit den anderen Raben flog Ronny jeden Tag auf der Suche nach Nahrung umher.

Die meisten Raben waren sehr erfahren und erfolgreich bei der Futtersuche und so fanden sie immer ausreichend Nahrung. Entdeckte einer der Raben etwas Fressbares, so rief er alle anderen Raben herbei, um es zu teilen. Ronny hatte bisher noch nie selbst etwas gefunden. Doch er ging niemals leer aus, da die anderen Raben stets darauf achteten, dass jeder seinen gerechten Anteil bekam.

Eines Tages flog Ronny alleine über eine große Wiese. Die anderen Raben waren im Wald unterwegs. Plötzlich entdeckte Ronny eine riesige Menge Walnüsse. Scheinbar hatte sie jemand dort liegen lassen. Ronny zögerte nicht lange. Im Sturzflug eilte er zu diesem schmackhaften Fund. Schließlich waren Walnüsse sein Lieblingsfutter. So schnell er konnte, schlug er sich den Bauch mit den Köstlichkeiten voll. Ronny fraß so lange, bis alle Walnüsse verschwunden waren.
Anschließend rülpste er ausgiebig, breitete seine Flügel aus und … plumpste zurück auf den Boden. Nanu? Was war denn jetzt los? Ronny dachte angestrengt nach. Er war zwar noch ein kleiner Rabe, aber bisher hatte er nie Probleme mit dem Fliegen gehabt. Scheinbar war sein Bauch zu prall gefüllt und Ronny zu schwer.
Während er noch darüber nachdachte, wie er nun zurück zu den anderen Raben kommen sollte, zog die Dämmerung auf. Das war stets der Zeitpunkt, an dem sich alle Raben versammelten und gemeinsam ihr Nachtquartier aufsuchten. In dieser Nacht musste Ronny ganz alleine auf der großen Wiese sitzen bleiben und fühlte sich dabei sehr einsam.
„Ach, wäre ich nur nicht so gierig gewesen und hätte den anderen etwas abgegeben! Dann könnte ich jetzt mit meinen Freunden zusammen sein“, dachte Ronny mit einem Seufzer.
Und während er da so alleine auf der großen Wiese saß, war er sich ganz sicher: Beim nächsten Mal würde er alles ganz anders machen.

Gesprächsleitfaden

Ronny und die Walnüsse

Themen Teilen, Gemeinschaft, Gier, Egoismus

Frageimpulse ? Was machten die Raben, wenn einer von ihnen etwas zu essen fand? • Was machte Ronny, als er die Walnüsse entdeckte? • Warum konnte Ronny plötzlich nicht mehr fliegen?

? ? Was denkst du: Warum hat Ronny die anderen nicht gerufen, als er die Walnüsse fand? • Was passierte, nachdem Ronny alle Walnüsse alleine gegessen hatte? • Was denkst du: Wie war es für den Raben, die Nacht alleine zu verbringen?

? ? ? Hast du auch schon einmal etwas nicht geteilt? Wie war das? • Was denkst du, wie würden sich die anderen Raben fühlen, wenn sie wüssten, dass Ronny ihnen nichts abgegeben hat? • Was, denkst du, möchte dir die Geschichte sagen?

30 Bastian ist anders

Heute geht es auf dem Pausenhof wieder ziemlich turbulent zu. Kein Wunder! Schließlich ist es schon die zweite große Pause und jeder muss sich ein bisschen austoben. Nur Bastian will sich nicht so recht in das Gewimmel stürzen. Schnell läuft er zur Toilette, denn dort ist er meistens ungestört. Die anderen Kinder gehen lieber während des Unterrichts. Also hat er nun dort seine Ruhe.

Der Unterricht ist so ein Thema. Bastian findet es viel besser, im Klassenzimmer zu sitzen als die blöden Pausen auf dem Schulhof zu verbringen. Dort machen sich die anderen eh bloß über ihn lustig – oder, was noch schlimmer ist: verhauen ihn. Nein, da schließt Bastian sich lieber die Pause über in der Toilette ein.

Plötzlich klopft es an die Tür.
„Bastian? Was machst du denn darin wieder so lange?“, will Frau Schneider wissen.
„Ich bin auf der Toilette“, murmelt Bastian.
„Ach nee, ich dachte, du wärst auf dem Mars. Los jetzt, geh auf den Schulhof zu den anderen Kindern!“, meckert Frau Schneider.

Zähneknirschend kommt Bastian dieser Aufforderung nach. Auf dem Schulhof warten schon Christian und Kevin mit einem breiten Grinsen auf ihn.
„Na, du Körnerfresser. Hat deine Mami dir wieder ein schönes Frühstückspaket gemacht?“, feixt Kevin.
„Aber es muss alles bio sein“, äfft Christian Bastians Mama nach.
Bastian seufzt. Wie oft hat er das schon zu hören bekommen.
„Die anderen Kinder sind bloß neidisch auf dein gesundes Frühstück“, versucht Mama, Bastian immer aufzumuntern.
Aber das hilft nicht so wirklich. Wegen seiner ganzen Allergien kann Bastian viele Sachen einfach nicht essen. Und eigentlich mag er sein Frühstück, das seine Mama ihm in die Schule mitgibt, auch wirklich gerne. Nur ist es eben anders als das von den anderen Kindern.
Als Kevin und Christian merken, dass Bastian nicht auf ihre Hänseleien einsteigt, packen sie ihn und zerren ihn ins Gebüsch. Dort nimmt Christian ihn in den Schwitzkasten.
„Du siehst wie ein richtiger Penner aus. Guck dich doch mal an. Die Klamotten, die du trägst, sind schon längst out“, sagt Christian und reißt ein Loch in Bastians T-Shirt.
„Ups, da wird Mami aber bestimmt schimpfen, denn das T-Shirt ist doch so schön“, spottet Kevin.

Bastians Klamotten sind tatsächlich nicht gerade neu. Er trägt die alten Sachen von seinem großen Bruder. Aber sie gefallen Bastian trotzdem. Er würde sie auch nicht gegen neue Klamotten eintauschen wollen – egal was Christian und Kevin davon halten.

Plötzlich steht Finja neben den Jungs. Finja ist Klassensprecherin von Bastians Klasse und bei allen total beliebt. Sie schaut Christian und Kevin wütend an.
„Hört sofort auf! Lasst Bastian in Ruhe!", schimpft sie. „Er kann doch nichts dafür, dass er anders ist als ihr! Ich mag ihn jedenfalls so, wie er ist. Er ist mutig und toll!"
„Mutig? Was soll an dem denn mutig sein?", fragt Christian zwar noch streitlustig, aber er lässt Bastian los.
Er wird sogar ein bisschen rot, denn er findet Finja unbeschreiblich toll. Nun ist es natürlich blöd, dass sie so über die Sache denkt.
„Weil es mutig ist, anders zu sein! Ihr macht ganz viele Sachen, um irgendwie cool zu wirken. Bastian steht wenigstens dazu, dass er nicht die neuesten Klamotten trägt und andere Sachen essen muss. Also habt ihr kein Recht dazu, ihn so zu behandeln!", erklärt Finja.
Bastian lächelt ihr dankbar zu, während Kevin und Christian sich verziehen.
Ob die beiden ihn wohl ab jetzt einfach anders sein lassen?

Gesprächsleitfaden

Bastian ist anders

Themen Toleranz, Andersartigkeit, Respekt, Rechte haben

Frageimpulse

? Warum mag Bastian die Pausen nicht? • Wo versteckt er sich? • Wie reagieren die Jungs, als Finja Bastian beschützt?

? ? Wieso hänseln und ärgern die anderen Kinder Bastian? • Wieso findet Finja Bastian mutig? • Wie denkst du über Bastian?

? ? ? Warum haben die Kinder kein Recht dazu, so gemein zu Bastian zu sein? • Finja möchte, dass die Kinder Bastian so akzeptieren, wie er ist. Wie stehst du dazu? • Kannst du andere immer so akzeptieren, wie sie sind?

31 Der letzte Sitzplatz

Pauline fährt gerne Bus. Besonders gern sitzt sie am Fenster und beobachtet die vorbeiziehenden Straßen und Menschen. Durch die Stadt fährt sie am liebsten. Hier gibt es so vieles zu entdecken und der Bus hält hier auch viel öfter an. Dann schaut sich Pauline alle Leute an, die einsteigen.

Jeder Mensch hat irgendetwas Besonderes an sich. Pauline denkt sich zu jedem neuen Fahrgast eine Geschichte aus: „Die schwangere Frau, die gerade einsteigt, will bestimmt nach Hause. In ihren Einkaufstaschen sind bestimmt jede Menge Sachen für das Baby", denkt Pauline und fragt sich, wie das Baby wohl später heißen wird, wenn es auf der Welt ist.
Nach und nach füllt sich der Bus. So langsam wird es sogar ziemlich eng, denn an jeder Haltestelle steigen mehr Leute ein als aus. Kein Wunder, schließlich haben viele Menschen nun Feierabend und wollen nach Hause zu ihrer Familie.
An der nächsten Haltestelle steigt plötzlich niemand mehr aus. Nur eine alte Dame steigt ein. „Sie sieht irgendwie ziemlich müde aus", findet Pauline.
Die alte Frau steht im Gang, denn alle Plätze sind belegt. Mit einer Hand hält sie ihre schwere Einkaufstasche fest, aus der allerlei Gemüse und Obst herausschauen. Mit der anderen Hand umklammert sie die Stange in der Mitte.
„Entschuldigung!", ruft da Pauline plötzlich laut und schaut die alte Dame an. „Möchten Sie vielleicht hier sitzen?"
Die alte Dame lächelt Pauline, die sich bereits von ihrem gemütlichen Fensterplatz erhoben hat, freudig an. Mit einem zufriedenen Seufzer lässt sie sich in Paulines Fensterplatz fallen. „Du bist ein tolles Mädchen", meint die alte Dame. „Es ist leider nicht mehr selbstverständlich, dass Menschen so höflich und respektvoll sind wie du."
Pauline strahlt. Sie weiß zwar nicht genau, was die alte Frau damit meint, aber sie weiß, dass sie ihr mit ihrem Sitzplatz ein Geschenk machen konnte, und das macht Pauline sehr gerne.

Gesprächsleitfaden

Der Letzte Sitzplatz

Themen Höflichkeit, Respekt

Frageimpulse ? Was macht Pauline gerne? • Warum sitzt sie so gerne auf einem Platz am Fenster? • Was denkt Pauline über die Menschen, die sie sieht? • Was denkt Pauline über die alte Dame?

? ? Was mag Pauline am Busfahren? • Warum bietet Pauline der alten Frau ihren Platz an? • Wie reagiert die alte Dame darauf?

? ? ? Pauline erfindet Geschichten über die Menschen, die ihr während der Busfahrt begegnen. Hast du so etwas auch schon mal gemacht? • Die alte Dame sagt: „Es ist leider nicht mehr selbstverständlich, dass Menschen so höflich und respektvoll sind wie du." Wie denkst du darüber? • Was bedeuten Höflichkeit und Respekt für dich? • Wann hast du zuletzt etwas Höfliches und Respektvolles erlebt oder selbst gemacht?

32 Das Loch

Langsam trottet Ello hinter den anderen Elefanten her. Dabei bleibt der kleine Babyelefant stets in der Nähe seiner Mama. Dort fühlt sich Ello sicher.
Schon seit Stunden ist die Herde unterwegs durch die glühende Hitze. Die Elefanten sind auf der Suche nach einer neuen Wasserstelle, da ihr altes Wasserloch nach der langen Dürrezeit komplett ausgetrocknet ist.
Der große Durst plagt alle Elefanten des Landes. Doch Ello trifft es besonders hart. Immerhin ist er ja noch ein kleiner Babyelefant.
Mit gesenktem Haupt setzt Ello schwerfällig einen Fuß vor den anderen. Jeder Schritt kostet ihn enorm viel Kraft.
Plötzlich spürt der kleine Elefant den Boden nicht mehr unter seinen Füßen. Es scheint für einen Augenblick so, als würde er schweben. Doch dann plumpst er in ein tiefes Loch hinein. Erschrocken schreit Ello auf und holt damit die anderen Elefanten aus ihren Gedanken heraus. Die Herde bleibt abrupt stehen und erfasst sehr schnell die gefährliche Situation. Ohne zu zögern, wissen plötzlich alle, was zu tun ist. Alle versammeln sich um das große Loch herum, in dem Ello verschwunden ist. Während seine Mama mit beruhigender Stimme auf Ello einredet, bilden die anderen Elefanten aus Rüsseln und Schwänzen eine lange Kette. Vorsichtig lässt der Elefant am Anfang der langen Elefantenkette einen Ast zu Ello hinunter. Der kleine Elefant klammert sich mit seinem Rüssel fest daran. Auf ein stummes Kommando hin beginnt die Elefantenkette, zu ziehen. Das ist für alle sehr anstrengend, aber keiner wagt es, aus der langen Kette herauszutreten – zu wichtig ist Ellos Rettung.
Nach einer gefühlten Ewigkeit haben sie den kleinen Ello gerettet. Ello sinkt in Mamas Arme – oder, besser gesagt, den ausgebreiteten Rüssel – und ist unendlich dankbar, Teil einer so tollen Gruppe zu sein.

Gesprächsleitfaden

Das Loch

Themen Helfen, Rücksichtnahme, Gemeinschaft

Frageimpulse ? Warum sind die Elefanten unterwegs? • Warum ist der Durst für Ello besonders schlimm? • Was geschieht Ello unterwegs? • Was machen die anderen Elefanten?

? ? Warum bleibt Ello die ganze Zeit in der Nähe seiner Mama? • Warum fällt Ello in das Loch? • Was denkst du: Wie fühlt sich Ello in dem Loch?

? ? ? Was glaubst du: Wie fühlen sich die Elefanten, während sie auf der Suche nach Wasser die heiße Savanne durchqueren? • Was ist eine Savanne? • Die Elefanten kostet es ganz viel Kraft und Mühe, Ello zu befreien. Wenn du einer der Elefanten wärst, was hättest du getan? • Hast du auch schon einmal jemandem in Not geholfen? Wie war das für dich?

33 Das perfekte Ei

In einem kleinen, idyllischen Ort stand ein alter Bauernhof. Dort lebte eine große Hühnerfamilie. Die Hühner hatten alles, was sie brauchten, um glücklich zu sein. Sie besaßen ein wundervolles Hühnerhaus, das ihnen an kalten und nassen Tagen Schutz bot. Sie hatten einen riesigen Auslauf, in dem sie den ganzen Tag frei umherwandern konnten. Durch ihr Gehege floss ein kleines Bächlein, das schmackhaftes Wasser bot und an heißen Tagen zum Baden einlud. Es gab immer genügend zu essen und niemand musste Hunger leiden. Die Hühner genossen ihr Leben in vollen Zügen und waren glücklich.

Nur ein Huhn konnte dieses Glück nicht genießen. Sein Name war Henriette. Henriette träumte davon, ein perfektes Ei zu legen. Das perfekte Ei sollte weder zu groß noch zu klein sein. Es durfte weder zu hell noch zu dunkel sein. Seine Schale sollte glatt, aber nicht zu glatt sein. Henriette hatte da ganz genaue Vorstellungen. Jeden Tag gab sie sich alle erdenkliche Mühe, endlich das perfekte Ei zu legen. Doch immer wurde sie aufs Neue enttäuscht. Mal war das Ei zu groß. Ein anderes Mal war es zu klein. Dann hatte es die richtige Größe, doch die Farbe passte Henriette nicht. Stimmten Größe und Farbe, dann störte sie sich an der Beschaffenheit.
Henriette wurde immer trauriger. Es musste doch möglich sein, ein perfektes Ei zu legen! Eines Tages beschloss sie, so lange in ihrer Legemulde sitzen zu bleiben, bis sie endlich das perfekte Ei gelegt hatte. Die Tage vergingen und Henriette legte ein Ei nach dem anderen. Doch keines konnte ihren Ansprüchen genügen. Henriette dachte an nichts anderes mehr. So vergingen Tage, Wochen und Monate.
Dann, eines Tages, war es so weit: Henriette traute ihren Augen kaum, als sie das perfekte Ei endlich in der Legemulde erblickte. Aufgeregt gackerte und scharrte sie im Heu herum. Vom lauten Gackern angelockt, kamen die anderen Hühner herbeigeeilt. Doch als Henriette ihnen stolz das perfekte Ei präsentieren wollte, war nichts mehr davon übrig. In ihrer großen Aufregung hatte sie es aus dem Nest geschubst und es war auf dem harten Boden zerschellt.

Gesprächsleitfaden

Das perfekte Ei

Themen Perfektionismus

Frageimpulse ❓ Wo lebten die Hühner? • Wovon träumte Henriette? • Wie sah für Henriette das perfekte Ei aus? • Was passierte, als Henriette endlich das perfekte Ei gelegt hatte?

❓❓ Was war besonders toll an dem Leben der Hühner? • Warum konnte Henriette ihr Leben nicht genießen? • Was störte Henriette an den Eiern, die sie legte? • Was denkst du: Warum ging das Ei kaputt?

❓❓❓ Die Hühner in der Geschichte führten ein tolles Leben. Was weißt du darüber, wie die meisten Hühner leben? • Henriette konnte ihr Leben nicht so recht genießen, weil sie darauf aus war, ein perfektes Ei zu legen. Ihre Gedanken kreisten um nichts anderes mehr. Wie stellst du dir das vor? • Was glaubst du: Warum wollte Henriette unbedingt ein perfektes Ei legen? • Gibt es überhaupt ein perfektes Ei? • Was heißt eigentlich „perfekt“? • Was, glaubst du, möchte die Geschichte dir sagen?

34 Ein etwas anderer Tag für Bruno

„Brr, ist das kalt", denkt Bruno, der Bär, und schüttelt sich die Wassertropfen aus dem dicken Pelz.

Gerade war er einen Augenblick lang unachtsam und schon ist er in den See geplumpst.

Eigentlich hat Bruno ja nichts gegen ein Bad im kühlen Nass, doch an diesem kalten Herbsttag ist es nicht sonderlich schön.

Brummelig macht sich Bruno auf den Weg, etwas zu fressen zu suchen. Aber er kann nirgends etwas finden. Schließlich tritt er auch noch auf einen Ast mit langen Dornen. Ein Dorn bleibt in seiner Pfote stecken und Bruno brüllt vor Schmerz auf. Das ist heute einfach nicht sein Tag!

„Am besten verkrieche ich mich gleich wieder in meiner Höhle und fange mit dem Winterschlaf einfach schon ein bisschen früher an", denkt sich Bruno, als er plötzlich lautes Hundegebell hört.

Erschrocken horcht er auf. Das kann nur bedeuten, dass Jäger im Wald sind und das bedeutet für ihn als Bär nichts Gutes. Bruno will schnell weglaufen, doch der Dorn in seiner Pfote schmerzt fürchterlich und er kann nur langsam vorwärtshumpeln.

„Oh nein, was für ein schrecklicher Tag! Und jetzt wird mich auch noch der Jäger kriegen."

Erschöpft lehnt sich Bruno an einen großen Baum.

Das Bellen des Jagdhundes wird immer lauter und schließlich raschelt es im Gebüsch und der Hund stürmt auf Bruno zu. Ganz erstaunt bleibt er vor Bruno stehen.

„Warum läufst du nicht weg, Bär? Der Jäger wird gleich hier sein und er hat eine Flinte dabei. Ich bin vorgerannt, um euch Waldtiere zu warnen."

Der Hund schaut Bruno neugierig an.

„Ich kann nicht mehr laufen. In meiner Pfote steckt ein Dorn."

Verzweifelt versucht Bruno, noch einen Schritt zu machen – doch ohne Erfolg. „Was für ein schrecklicher Tag!", seufzt er erneut und lässt sich auf sein dickes Hinterteil plumpsen.

„Warte, ich helfe dir", sagt der Jagdhund.

Er hat großes Mitleid mit dem Bären. Sanft zieht er mit seinen Zähnen den Dorn aus Brunos Pfote.

„Los, lauf zu deiner Höhle und versteck dich dort. Ich werde den Jäger in die andere Richtung locken. So hast du ein bisschen mehr Zeit und brauchst nicht so zu rennen."

Mit diesen Worten dreht sich der Jagdhund um und rennt in die Richtung, aus der Bruno gekommen war. Bruno ruft ihm schnell ein „Dankeschön" hinterher.

Vorsichtig versucht er, einen weiteren Schritt zu machen, und tatsächlich kann er jetzt viel schneller laufen als zuvor. Hinter ihm hört er, weit entfernt, den netten Hund bellen. Vor Freude und Dankbarkeit macht Bruno einen kleinen Sprung und läuft dann schnell nach Hause.

Auf dem Weg zu seiner Höhle stellt Bruno fest, dass heute doch gar nicht so ein schrecklicher Tag ist. Immerhin hat ihm gerade jemand das Leben gerettet! Er hat wirklich Glück gehabt, auf den netten Hund zu treffen.
Unterwegs findet Bruno dann auch endlich noch etwas zu fressen. Zufrieden schmatzt er vor sich hin, während sogar ein paar Sonnenstrahlen durchkommen und sein Fell wärmen.

In seiner Höhle legt sich Bruno auf seinen Schlafplatz. Die Aufregung hat ihn sehr müde gemacht. Bevor er einschläft, brummt er zufrieden: „Verrückt, wie ein schlimmer Tag doch noch so schön werden kann."

Gesprächsleitfaden

Ein etwas anderer Tag für Bruno

Themen Dankbarkeit

Frageimpulse ? Was geht für Bruno alles schief? • Wieso läuft Bruno nicht vor dem Jäger weg? • Wie hilft der Hund Bruno?

? ? Was denkst du: Warum rettet der Hund Bruno das Leben? • Wofür kann Bruno an diesem Tag dankbar sein?

? ? ? Hast du auch schon einmal erlebt, dass ein schlechter Tag plötzlich doch noch schön geworden ist? • Bruno ist am Ende des Tages zufrieden und dankbar. Was ist eigentlich Dankbarkeit? • Wofür kannst du dankbar sein?

35 Milan wird rot

Milan hat zwei beste Freunde: Lucas und Marie. Beide mag Milan total gerne. Mit Lucas kann Milan coole Actionspiele machen und super Fußball spielen. Mit Marie ist Milan am liebsten draußen. Dort sammeln sie gemeinsam Flusskrebse und stauen Bäche. Im Winter fährt Milan gerne mit Marie Schlitten, denn da gewinnt er immer.

Schon vor Langem hat Marie ihn zu ihrer Geburtstagsfeier eingeladen. Doch Milan hat sich darüber eigentlich gar nicht so sehr gefreut, denn Maries andere Freunde sind alle Mädchen und so ein Mädchengeburtstag ist meistens total langweilig. Gesagt hat er das Marie aber nicht. Stattdessen hat er einfach so getan, als würde er sich riesig über die Einladung freuen, und ihr zugesagt. Schließlich will er Marie ja nicht verletzen.

Heute ist es dann so weit: Marie feiert ihren Geburtstag. Lucas ist nicht eingeladen. Er weiß auch nichts von der Feier, da er auf eine andere Schule geht. Kurz vor der Feier klingelt das Telefon. Es ist Lucas. Er will Milan zum Spielen einladen.
Nun weiß Milan nicht so recht, was er machen soll. Er mag eigentlich viel lieber mit Lucas spielen. Kurzerhand sagt er zu.
Doch vorher ruft er noch schnell bei Marie an, um ihr abzusagen.
„Oh wie schade, warum kannst du denn nicht kommen?", will Marie wissen.
„Ich bin krank", behauptet Milan und verabschiedet sich rasch.

Als er mit Lucas ein rasantes Fahrradrennen veranstaltet, kommen sie an Maries Haus vorbei. Alle Geburtstagsgäste spielen gemeinsam im Garten. Marie traut ihren Augen kaum, als sie Milan sieht.
„Aber Milan, ich dachte, du wärst krank!", ruft sie verwundert über den Zaun. Milan wird rot wie eine Tomate. Was soll er jetzt nur tun?

Gesprächsleitfaden

Milan wird rot

Themen Lügen, Ehrlichkeit, Freundschaft

Frageimpulse

? Wie heißen Milans beste Freunde? • Was macht Milan am liebsten mit Marie, was am liebsten mit Lucas? • Warum hat sich Milan nicht über die Einladung zu Maries Geburtstag gefreut? • Was macht Milan, als Lucas ihn zum Spielen einlädt?

? ? Hast du auch mehrere beste Freunde? • Warum geht Milan zu Lucas anstatt auf die Geburtstagsfeier von Marie? • Was glaubst du: Wie fühlt sich Marie, als sie den angeblich kranken Milan sieht?

? ? ? Milan hat Marie zugesagt, obwohl er gar nicht hingehen möchte. Kannst du das verstehen? • Was sind für dich Lügen? • Wie denkst du über das Lügen? • Wie könnte die Geschichte weitergehen?

© Africa Studio | Fotolia.com

Rund ums Leben

36 Die Menschen verpassen das Leben

Nach einer kalten Nacht färbt sich der Himmel glutrot. Langsam erwacht die Natur zu neuem Leben. Die Vögel recken und strecken sich und stimmen ein feines Lied an. Vom Gezwitscher der Vögel wird auch Harry Hase geweckt. Vorsichtig öffnet er zuerst sein linkes Auge, dann das rechte.
„Oh, wie schön. Die Sonne scheint!", freut sich Harry und hoppelt glücklich aus seinem Nachtquartier heraus.
„Ich will mich erst einmal ein wenig aufwärmen", sagt der kleine Hase zu sich selbst und legt sich für eine Weile genüsslich in die Sonne.

Auch die Kühe ganz in der Nähe werden von den ersten Sonnenstrahlen geweckt. Eine nach der anderen erhebt sich und betrachtet freudig die aufsteigende Sonne. „Wie schön es doch ist", denken die Kühe und machen sich auf die Suche nach saftigem Futter. Genüsslich rupfen sie saftigen Klee und lange Grashalme. Dabei zwinkern sie Harry zu.

Eine Rehfamilie beobachtet aus der Ferne das Treiben auf der großen Weide. Das Gras sieht hier besonders lecker aus. Ob sie wohl auch ein wenig davon naschen dürfen? Vater Reh macht sich auf den Weg zu den Kühen.
„Dürfen wir auch ein wenig Klee und Gras von eurer Weide haben?", fragt er die Kühe.
„Aber natürlich. Es ist genug für alle da. Heute Abend bringt uns der Bauer noch andere Leckereien. Kommt ruhig dazu. Wir teilen gerne", erklärt Mutter Kuh.
„Vielen Dank. Das ist äußerst großzügig von euch!", freut sich Vater Reh und ruft sogleich seine Familie zu sich.

Während die Kühe und Rehe sich gemeinsam mit Harry auf der Wiese freuen, kommt plötzlich ein Mensch vorbei. Er ist auf dem Weg zur Arbeit und fürchterlich in Eile. Der Mensch ist so in seine Gedanken und den Ärger über sich selbst vertieft, dass er weder den wundervollen Sonnenaufgang noch das harmonische Zusammensein der Tiere bemerkt. Die Tiere schauen einander an und sind sich einig: „Die Menschen verpassen doch tatsächlich das Leben."

Gesprächsleitfaden

Die Menschen verpassen das Leben

Themen Wertschätzung, Achtsamkeit

Frageimpulse ❓ Was macht Harry Hase, als er aufwacht? • Wie beginnen die Kühe den Tag? • Was machen die Rehe? • Was macht der Mensch, als er vorbeikommt?

❓❓ Wie beginnst du deinen Tag? • Wie reagieren die Kühe, als der Rehvater um Futter bittet? Hättest du das auch so gemacht?

❓❓❓ Warst du auch schon einmal so in Eile oder in Gedanken, dass du nichts um dich herum mitbekommen hast? Wie fühlt sich das an? • Was meinen die Tiere, wenn sie sagen: „Die Menschen verpassen das Leben"? Wie denkst du darüber?

37 Das Bonbongefängnis

Munter und neugierig wie an jedem Tag dreht Fred Fuchs seine Runden durch den Wald. Er ist stets auf der Suche nach Fressbarem und nimmt dabei auch gerne jedes noch so kleine Abenteuer mit, das ihm auf Spaziergehrouten widerfährt.
Während Fred im Gebüsch herumschnüffelt, hört er plötzlich aufgeregte Schreie.
„Nanu? Was ist denn da los?", wundert sich Fred und macht sich auf die Suche nach dem Grund des Geschreies.
Ganz in der Nähe am Wegesrand wird er fündig. Die Schreie sind dort kaum noch zu überhören.
„Ob sie aus der Chipstüte kommen, die dort achtlos herumliegt? Vielleicht sind es aber auch diese seltsamen Plastikflaschen, aus denen die Menschen immer trinken", denkt der kleine Fuchs und nimmt beides genauer unter die Lupe.
Vorsichtig schnüffelt Fred daran und schiebt all die Plastiktüten und -flaschen mit der Pfote zur Seite.
„Hier bin ich! Hier unten!", ruft die Stimme erneut.
Unter einem Bonbonpapier sitzt ein kleiner Käfer. Das Papier umhüllt ihn wie ein Gefängnis. Vorsichtig hebt der Fuchs das Papier an und befreit den Käfer aus der misslichen Lage. Karl, der Käfer, atmet erleichtert auf, bevor er sich überschwänglich bei seinem Retter bedankt.
„Ach, nicht der Rede wert. Das habe ich doch gerne gemacht", erwidert Fred.
„Ich wüsste nur mal gerne, was die Menschen sich dabei denken, ihren Müll überall hinzuwerfen. Erst neulich hatte ein kleines Reh entsetzliche Bauchschmerzen, weil es versehentlich Müll mitgefressen hat, den irgendeiner von den Menschen in die Wiese geworfen hat."

Gesprächsleitfaden

Das Bonbongefängnis

Themen Umgang mit der Erde, Verantwortung

Frageimpulse

? Was macht Fred Fuchs im Wald? • Was findet Fred im Wald? • Warum ist Karl, der Käfer, gefangen? • Wie befreit Fred den kleinen Käfer?

? ? Fred findet ziemlich viel Müll, der achtlos herumliegt. Wie denkst du darüber? • Hast du auch schon einmal Müll in der Natur gefunden? • Fred wüsste gerne, warum wir Menschen unseren Müll einfach achtlos wegwerfen. Was würdest du ihm antworten?

? ? ? Was weißt du über das Leben der Füchse? • Was könnten wir tun, um zu verhindern, dass Müll einfach achtlos weggeworfen wird? • Warum ist es für die Tiere und Pflanzen gefährlich, wenn wir unseren Müll einfach wegwerfen? • Nicht nur für die Tiere und Pflanzen ist es gefährlich, wenn wir den Müll einfach in die Natur werfen. Letztendlich schaden wir uns dadurch selbst. Was denkst du: Warum ist das so?

38 Paul, das Kaninchen

Vor einigen Wochen ist Paul bei Lena eingezogen. Paul ist ein Kaninchen. Am Anfang war für beide alles ganz neu und ungewohnt.
Paul ist auf einem Bauernhof aufgewachsen und durfte dort mit den anderen Kaninchen gemeinsam den ganzen Tag in einem großen Außengehege verbringen. Bei Lena wohnt Paul allein in einem kleinen Kasten.
Lena war anfangs mächtig stolz auf Paul. Schon so lange hatte sie sich ein Haustier gewünscht. Umso größer war ihre Freude, als Mama und Papa Pauls Einzug endlich erlaubt haben.
Doch mittlerweile geht Lena das Thema „Paul" ziemlich auf die Nerven. Mama meckert ständig rum, dass Paul gefüttert werden soll, frisches Wasser braucht und Lena ihm seinen Auslauf ermöglichen soll. Zu allem Überfluss muss Lena auch noch ständig den stinkenden Hasenkasten sauber machen. Dabei würde sie viel lieber mit ihren Freundinnen spielen.
Eines Tages, als Mama mal wieder Paul füttern muss, weil Lena es bis zum Nachmittag immer noch nicht geschafft hat, nimmt sie ihn liebevoll in den Arm und geht mit ihm auf die Wiese. Während Paul in seinem Außengehege herumhoppelt, schaut Mama ihm dabei zu.
„Weißt du, Paul, es tut mir wirklich leid, dass Lena sich ihrer Verantwortung nicht bewusst ist. Ich wünschte, meine Tochter wüsste, was es heißt, für etwas verantwortlich zu sein."
Ganz so, als ob Paul jedes Wort verstehen würde, hoppelt er zielstrebig auf Mama zu und reibt sein Köpfchen sanft an ihrem Bein.

Gesprächsleitfaden

Paul, das Kaninchen

Themen Verantwortung, Umgang mit Tieren

Frageimpulse ? Wie lebte Paul, bevor er bei Lena eingezogen ist? • Wie lebt er bei Lena? • Was soll Lena alles für Paul machen? • Was sagt Mama zu Paul?

? ? Warum wollte Lena unbedingt ein Kaninchen? • Was glaubst du, wie fühlt sich Paul in seinem neuen Zuhause? • Paul nervt Lena. Warum ist das so? • Warum kümmert sich Lenas Mama um Paul?

? ? ? Wie denkst du darüber, dass Lena sich nicht um Paul kümmert? • Was meint Lenas Mutter, wenn sie sagt: „Weißt du, Paul, es tut mir wirklich leid, dass Lena sich ihrer Verantwortung nicht bewusst ist. Ich wünschte, meine Tochter wüsste, was es heißt, für etwas verantwortlich zu sein."? • Was bedeutet Verantwortung für dich? • Wofür bist du verantwortlich?

39 Schwein gehabt

Zitternd betreten Schwein Sunny und Ferkel Freddy die Laderampe.
„Rein da!“, herrscht der fremde Mann Freddy an, als das Ferkel vor lauter Angst laut schreit.
Sunny versucht, ihr Baby zu beruhigen.
„Ich bin bei dir, mein Schatz. Uns wird schon nichts geschehen“, ermutigt sie Freddy, ihr endlich in den Hänger zu folgen.
Sunny kennt die Menschen inzwischen ziemlich gut.
Man sollte als Schwein niemals den Fehler begehen und etwas anderes machen, als die Menschen wollen. Sonst können sie sehr gemein und grob werden. Sunny hofft inständig, dass es ihr und ihrem Sohn nicht so gehen mag wie den anderen Schweinen, die in solche Hänger gestiegen sind. All ihre Freunde sind niemals zurückgekommen. Aber Sunny weiß, dass es dieses Mal irgendwie anders ist, und so schnell gibt Sunny die Hoffnung nicht auf.

Während der langen Fahrt werden Sunny und Freddy ganz schön durchgeschüttelt.
Es schaukelt und ruckelt die gesamte Zeit und nirgendwo finden die beiden Halt.
Um Freddy abzulenken, erzählt ihm Sunny von einem tollen Leben. Sunny kennt dieses Leben auf grünen Weiden mit ordentlichen Matschbergen und frischer Luft zwar auch nur aus Erzählungen, aber sie versucht, diese so lebendig wie möglich zu beschreiben.

Sunny und Freddy kennen nur eine große Halle mit engen Boxen, die Tag und Nacht von schrillem Neonlicht ausgeleuchtet sind. Dort haben die beiden ihr gesamtes Leben verbracht.
Umso erstaunter ist Freddy nun, als er von einem ganz anderen Leben hört.
„Was ist denn Regen?“, will Freddy wissen, als Sunny dieses Phänomen erwähnt. „So genau weiß ich das auch nicht, aber es soll sich toll anfühlen“, erklärt Sunny mit strahlenden Augen.
„Und dann gibt es auch noch etwas, das heißt Sonne.“, fügt sie lächelt hinzu. „Das soll die Haut schön wärmen.“
Freddy ist verwirrt.
„Aber wo waren denn die Sonne und der Regen die ganze Zeit?“, will das kleine Ferkel wissen.
„Beides war immer da. Wir haben es aber in der großen Halle nie sehen können“, erklärt Sunny mit trauriger Stimme.

Plötzlich ruckelt es mehr als sonst. Das Auto hält an. Kurze Zeit später wird der Hänger geöffnet.
Sunny und Freddy trauen ihren Augen kaum.
Sie blicken geradewegs auf eine riesige Wiese mit einem ordentlichen Matschberg.
Neugierig werden die beiden von zahlreichen Schweinen begrüßt.
„Willkommen, Neuankömmlinge!“, rufen die Schweine freudig.
Während Sunny und Freddy zu ihnen laufen, spürt Freddy etwas Warmes und etwas Kaltes auf seinem Rücken.
„Mama, sieh nur! Die Sonne scheint und es regnet!“, jauchzt Freddy.
Sunny grinst, während sie sich zum ersten Mal in ihrem Leben im himmlischen Matsch suhlt: „Ja, da haben wir wohl Schwein gehabt.“

Gesprächsleitfaden

Schwein gehabt

Themen Respekt vor der Tierwelt

Frageimpulse

? Wie haben die beiden Schweine Sunny und Freddy bisher gelebt? • Von welchem Leben erzählt Sunny ihrem Ferkel? • Warum kennt Freddy weder Sonnenschein noch Regen? • Wo werden die beiden hingebracht?

? ? Warum fürchten sich Sunny und Freddy, den Hänger zu betreten? • Was denkt Sunny über Menschen? • Was denkst du: Wie ist das Leben für Schweine, so wie Sunny und Freddy es bisher nur kannten? • Sunny und Freddy wurden zu einem Bauern gebracht, dem das Wohl seiner Tiere am Herzen liegt. Wie denkst du darüber?

? ? ? Warum behandeln wir Menschen Tiere oftmals schlecht? • Was glaubst du: Wie fühlt sich das neue Leben für die beiden Schweine an? • Was glaubst du: Warum heißt die Geschichte „Schwein gehabt"?

© olhastock | Fotolia.com

40 Das Jahr vergeht

Den Sommer hat Edgar, das Eichhörnchen, sehr genossen. Er hat viel geruht, die anderen Tiere beobachtet und natürlich gegessen. Auf seinen Streifzügen durch die Nachbarschaft hat Edgar viele neue Tiere kennengelernt und alte Freunde getroffen. Das war ganz leicht, denn bei dem tollen Sonnenschein und den warmen Temperaturen waren alle Tiere unterwegs.

Nun ist der Herbst da. Edgar sammelt fleißig Nüsse und Kastanien. Dabei achtet er darauf, dass ihn niemand beobachtet. Immer wieder sieht er sich nach allen Seiten um, bevor er all die Leckereien rund um seinen Lieblingsbaum versteckt.
Auch sein alter Freund Igor, der Igel, begibt sich auf die Suche nach Nahrung. Er frisst besonders gerne Mücken, Käfer und Schnecken. Anders als Edgar, der alles, was er findet, vergräbt, frisst Igor so viel er kann. Der Herbst ist für den kleinen Igel immer die Zeit des Essens, denn den Winter wird Igor verschlafen. Deshalb muss er sich nun noch einmal so richtig satt essen.
Nachdem Edgar, das Eichhörnchen, nun tagelang Nüsse und andere Leckereien für den langen Winter gesammelt hat, muss er noch seinen Kobel vorbereiten. Der Kobel ist sein Nest, in dem er es sich gemütlich macht.
Edgar sucht dafür Äste und Blätter, die er in seinen Lieblingsbaum trägt. Aus den Ästen baut er eine Kugel, die er anschließend mit Blättern auspolstert.
Bald schon macht es sich Edgar in seinem Kobel gemütlich. Während er sich von all der Arbeit ausruht, sieht er Igor zu, der noch immer damit beschäftigt ist, sein Nest für den Winterschlaf zu bauen.
‚Juhu, ich bin wohl der neue Herbstkönig', denkt Edgar und lehnt sich entspannt zurück.
Igor bekommt von alldem nichts mit. Er sucht noch immer fleißig Blätter und trägt sie zu seinem riesigen Laubhaufen, in dem er den Winter verbringen wird. Dann hat auch Igor sein Werk vollbracht und zieht sich in sein Blätterhaus zurück.

Es wird stetig kälter und unangenehmer in der Natur. Die Zugvögel brechen auf Richtung Süden. Dort werden sie den Winter verbringen, während Igor in seinem Laubhaufen schläft und Edgar sich ab und zu in seinem Kobel ausruht. Es dauert nicht lange, da fällt auch schon der erste Schnee. Es wird eisig kalt. Edgar ist froh, dass er einen kuscheligen Schlafplatz hat.

Die Wochen und Monate vergehen, bis die Sonne wieder mehr Kraft hat und sich die Luft langsam aufheizt. Edgar verlässt immer öfter seinen Kobel, um noch die letzten Nüsse aus seiner Vorratskammer zu verspeisen. Während er angestrengt nach den Verstecken fahndet, sieht er ein bekanntes Gesicht: Igor ist aus seinem Winterschlaf erwacht und muss nun erst einmal fressen …

„Manche Dinge ändern sich halt nie", denkt Edgar und genießt die ersten Sonnenstrahlen.

Gesprächsleitfaden

Das Jahr vergeht

Themen Rhythmus der Natur

Frageimpulse ❓ Wie hat Edgar den Sommer erlebt? • Was machen Edgar und Igor im Herbst? • Was machen die beiden im Winter? • Wie erleben Edgar und Igor den Frühling?

❓ ❓ Wie erlebst du den Frühling? • Was ist im Sommer anders? • Wie sieht die Natur im Herbst aus? • Wie erlebst du die Natur im Winter?

❓ ❓ ❓ Warum erleben der Igel und das Eichhörnchen die Jahreszeiten unterschiedlich? • Was verändert sich für dich im Laufe der Jahreszeiten? • Die Jahreszeiten sind ein bestimmter Rhythmus. Wo in deinem Leben gibt es noch einen Rhythmus?

41 Nur ein kurzer Augenblick

Heute ist ein besonderer Tag. An diesem Abend soll der Mond auf besondere Weise am Himmel zu sehen sein. In der Schule hat die Lehrerin Isabel und den anderen Kindern erzählt, dass der Mond leuchtend rot am Himmel stehen wird. Dieser sogenannte Blutmond ist nur ganz selten zu sehen und natürlich nur, wenn keine Wolken am Himmel stehen.
Isabel möchte sich den Blutmond unbedingt zusammen mit Papa ansehen. Schon seit heute Morgen freut sie sich darauf. Gemeinsam haben es sich die beiden schließlich abends auf der Terrasse gemütlich gemacht. Sie essen Popcorn und trinken Limo – fast so, als wären sie im Kino. Es wird auch nicht mehr lange dauern, dann wird dieser besondere Mond endlich zu sehen sein.
Papa und Isabel sind sich nur nicht so ganz sicher, wann es so weit ist. Deshalb holen die beiden mal Papas Laptop hinzu. Hier wollen sie schnell im Internet nachsehen, wann der richtige Zeitpunkt sein wird. Bei ihrer Suche finden die beiden jede Menge Informationen über den Mond. Mensch, ist das spannend. Papa liest Isabel alles vor, was dort so steht.
Isabel staunt: „Wow, so ein Blutmond ist ja eine tolle Sache. Unglaublich!"
Während die beiden all die interessanten Dinge lesen oder hören, kommt plötzlich Mama auf die Terrasse. Sie war bei ihrer Freundin zu Besuch.
„Na, ihr beiden. Was macht ihr dort Schönes?", will sie wissen.
„Papa liest mir etwas über den Blutmond vor. Ich freue mich schon so darauf, ihn zu sehen!", antwortet Isabel begeistert.
Mit einer Mischung aus Lachen und Erstaunen schaut Mama Isabel an.
„Ach, ihr beiden … Hättet ihr vor fünf Minuten an den Himmel geschaut, anstatt in euren Laptop, dann hättet ihr den Blutmond noch sehen können. Jetzt sind leider so viele Wolken aufgezogen, dass man das tolle Spektakel nicht mehr sehen kann."

Gesprächsleitfaden

Nur ein kurzer Augenblick

Themen im Hier und Jetzt sein, Bedeutung des Augenblicks, Achtsamkeit

Frageimpulse

? Worauf freut sich Isabel? • Wo will Isabel mit Papa den Blutmond sehen? • Warum verpassen die beiden den Blutmond?

? ? Wie stellst du dir den Blutmond vor? • Warum schauen Isabel und Papa im Internet nach? • Hast du auch schon einmal einen tollen Moment verpasst, weil du mit etwas anderem beschäftigt warst?

? ? ? Wie hätten Isabel und Papa verhindern können, den Blutmond zu verpassen? • Was glaubst du: Wie fühlen sich Isabel und Papa, weil sie den Blutmond verpasst haben? • Die beiden verpassen das tolle Spektakel, weil sie abgelenkt sind. Das passiert uns allen ganz oft. Was glaubst du: Woran liegt das? • Was können wir tun, um schöne Dinge nicht zu verpassen?

42 Die Spielzeugeisenbahn

Es ist Sonntagmorgen. Sonntage sind seit einiger Zeit Janniks Lieblingstage. An diesen Tagen kann er tun, was immer er möchte. Es gibt keine nervige Schule und keine blöden Hausaufgaben. Er muss nirgendwo hin. Mensch, ist das toll.
Früher fand Jannik Sonntage immer langweilig, aber da war er ja auch noch ein Kindergartenkind und noch nicht groß, so wie heute. Seit er zur Schule geht, sieht Jannik ohnehin viele Dinge anders. Er hat jetzt neue Freunde und einige seiner alten Freunde aus dem Kindergarten sieht er jetzt kaum noch. Außerdem hat Jannik entdeckt, dass er richtig gut im Kunstunterricht ist. Im Kindergarten fand er Basteln noch doof, aber in der Schule macht ihm das jetzt richtig Spaß und seine Lehrerin hat ihn schon oft dafür gelobt.

Während Jannik noch mit Mama und seiner kleinen Schwester Rieke beim Frühstück sitzt, kommt auch Papa hinzu. Er hat irgendetwas auf dem Dachboden gesucht.
„Schau mal, Jannik. Ich habe deine Eisenbahn gefunden", meint Papa. „Wollen wir nach dem Frühstück damit spielen?"
Jannik schaut Papa entsetzt an.
„Ich bin doch kein Baby mehr!", erklärt er stolz. „Ich spiele nicht mehr mit dem alten Ding."
Die Spielzeugeisenbahn fand Jannik toll, als er noch im Kindergarten war. Da haben er und Papa fast jeden Sonntag zusammen damit gespielt. Aber das ist auch eins von den Dingen, die Jannik jetzt nicht mehr so spannend findet, seit er in der Schule ist.
Papa scheint ein wenig zerknirscht.
Doch bevor er irgendetwas antworten kann, mischt sich Mama schon ein: „Weißt du, Schatz, seit Jannik zuletzt mit der Eisenbahn gespielt hat, ist schon sehr viel Zeit vergangen. Inzwischen ist er älter und interessiert sich für andere Dinge. Du kennst das doch: Im Laufe der Zeit verändern wir uns alle. Wir werden älter und haben dann andere Interessen."
Papa ist noch immer ziemlich irritiert. Er kann sich nicht so richtig vorstellen, dass Jannik nicht mehr mit ihm Eisenbahn spielen will. Schließlich haben sie das früher so oft gemacht.
Jannik spürt, dass Papa die Sache irgendwie nahegeht. Papa möchte einfach gern Zeit mit ihm verbringen. Das weiß Jannik.

Deshalb hat er eine Idee: „Wollen wir vielleicht nachher zusammen in deiner Werkstatt etwas basteln? Das würde ich gerne mal ausprobieren", fragt er Papa.
Papa hat nämlich in der Garage eine kleine Werkstatt, in der er manchmal Sachen repariert oder auch ganz neu baut. Bisher durfte Jannik dabei immer nur zuschauen, aber mittlerweile fühlt er sich alt genug, Papa auch zu helfen.
Papa überlegt kurz, dann lächelt er Jannik zu und sagt: „Das ist eine super Idee. Du bist bestimmt ein sehr guter Assistent!"
Jannik und Mama zwinkern einander zu. Mama weiß eben, dass Jannik so langsam groß wird.

Gesprächsleitfaden

Die Spielzeugeisenbahn

Themen Veränderung, Entwicklung

Frageimpulse ? Wie dachte Jannik über Sonntage, als er noch in den Kindergarten gegangen ist? • Wie denkt er nun über Sonntage? • Was findet Papa auf dem Dachboden? • Warum will Jannik nicht mit der Eisenbahn spielen?

? ? Was hat sich alles bei Jannik verändert, seit er zur Schule geht? • Was denkst du: Wie fühlt sich Papa, als Jannik keine Lust hat, mit der Eisenbahn zu spielen? • Warum schlägt Jannik Papa vor, in seine Werkstatt zu gehen? • Was hast du früher gerne gemacht und magst es heute nicht mehr?

? ? ? Janniks Leben hat sich verändert, seit er zur Schule geht. Was hat sich bei dir verändert, seit du zur Schule gehst? • Was meint Mama, wenn sie sagt: „Im Laufe der Zeit verändern wir uns alle. Wir werden älter und haben andere Interessen."? • Wie denkst du darüber, dass wir uns alle im Laufe der Zeit verändern? • Wie denkst du über Veränderungen? Findest du sie gut oder eher schlecht?

43 Karli ist im Katzenhimmel

Lina hat eine Katze. Ihr Name ist Karli. Für Lina ist Karli die tollste Katze der Welt und ihre beste Freundin. Wie es sich für beste Freunde gehört, verbringen die beiden jede Menge Zeit zusammen. Karli liebt es, mit Lina zu spielen. Und Lina lacht jedes Mal vor lauter Freude, wenn Karli ihre Spielmaus fängt. Wenn Karli müde ist, kuschelt sie sich an Lina und schnurrt ganz laut. Das mag Lina. Es kribbelt so schön in Linas Körper, wenn Karli schnurrt. Irgendwann hat Karli dann genug und will nicht mehr gestreichelt werden. Dann blinzelt sie Lina an und Lina geht alleine raus zum Spielen. Wenn Karli Hunger hat, fängt sie, an zu schmatzen. Dann holt Lina ihr Futter. Manchmal sitzen die beiden auch einfach nur nebeneinander im Gras und beobachten die Natur.

Doch eines Tages ist alles anders. Als Lina aus der Schule kommt, kann sie Karli nirgendwo finden. Lina schaut in den Garten. Sie sucht in ihrem Zimmer. Auch in der Küche ist Karli nicht. Lina läuft ins Wohnzimmer. Sie schaut überall nach.
„Karli?", ruft Lina, so laut sie kann.
Es ist schon gar kein Rufen mehr, sondern eigentlich ein angsterfüllter Schrei.
Mama kommt angelaufen. Sie nimmt Lina an der Hand.
„Karli ist hier", sagt Mama und bringt Lina ins Schlafzimmer.
Dort liegt die kleine Katze ganz friedlich in einer Kiste. Sie sieht aus, als würde sie schlafen.
„Wach auf!", ruft Lina und rüttelt an Karli.
Doch zum ersten Mal in ihrem Leben hört Karli nicht auf das, was Lina sagt. Sie bleibt weiterhin regungslos liegen.
„Karli ist heute Morgen zu Gott gegangen", erklärt Mama und nimmt Lina in den Arm.
Lina ist verwirrt. Karli liegt doch in der Kiste. Wie kann sie denn gleichzeitig bei Gott sein?
„Das, was Karli ausgemacht hat – ihre Seele –, ist nun dort. In der Kiste liegt nur noch Karlis Körper", erklärt Mama.
Lina weint. „Aber Karli wohnt hier! Sie soll sofort wieder herkommen. Im Himmel kennt sie doch niemanden!"
„Ihr geht es sehr gut", erklärt Mama. „Im Himmel ist sie bei Gott. Er passt auf sie auf. Karli wird dich immer lieb haben. Und wann immer du möchtest, kannst du Karli in dein Herz einladen. Wenn du ein kuscheliges Gefühl in deiner Brust spürst, weißt du, dass Karli genau in diesem Augenblick bei dir ist."
Lina ist traurig. Das ist alles so furchtbar ungerecht. Doch als sie die Augen schließt, spürt sie ein warmes Gefühl im Herzen. Karli ist bei ihr – genau in diesem Augenblick.

Gesprächsleitfaden

Karli ist im Katzenhimmel

Themen Sterben, Tod, Trauer

Frageimpulse ? Wer ist Linas beste Freundin? • Was machen Lina und Karli alles gemeinsam? • Warum ist Karli eines Tages nicht mehr da? • Was sagt Mama zu Lina?

? ? Wie fühlt sich Karlis Tod für Lina an? • Mama erklärt Lina, dass Karli bei Gott ist. Wie denkst du darüber? • Warum will Lina nicht, dass Karli dort ist? • Mama sagt zu Lina: „Karli wird dich immer lieb haben. Und wann immer du möchtest, kannst du Karli in dein Herz einladen. Wenn du ein kuscheliges Gefühl in deiner Brust spürst, weißt du, dass Karli genau in diesem Augenblick bei dir ist." Wie denkst du darüber?

? ? ? Hast du auch schon einmal ein Haustier oder einen Menschen verloren? Wie fühlt sich das an? • Christen glauben, dass sie nach dem Tod zu Gott in den Himmel kommen. Wie denkst du darüber? • Was, glaubst du, geschieht nach dem Tod?

Glaube, Feste und Bräuche

44 Das Schneegewitter

Jana ist zwar eigentlich schon eine erwachsene Frau. Doch wenn sie mit ihrem Hund Hope durch die Wälder und über die großen Wiesen streift, wird sie wieder zum Kind. Gemeinsam tollen die beiden durch die Gegend und haben jede Menge Spaß beim Rennen, Toben und Spielen.

Heute ist es draußen besonders schön, denn der erste Schnee ist über Nacht gefallen und taucht alles in seinen weißen Glanz. Vergnügt laufen Jana und Hope über die Wiesen, die längst nicht mehr als solche erkennbar sind. „Oh, ist das wundervoll", lacht Jana und wirft für Hope einen Ball in die weiße Pracht.
Hope wetzt hinter dem Ball her und taucht kopfüber in die weiße Schneefläche ein. Begeistert wälzt sich der kleine Hund im weichen Schnee und setzt sein ureigenes Hope-Lächeln auf. Wie sehr Jana dieses Lächeln an ihrem Hund liebt, ist nicht zu beschreiben.
Plötzlich wird ihre Freude jäh unterbrochen. Es donnert ganz in der Nähe. Grelle Blitze leuchten am Himmel auf und lassen riesige Schneeflocken herabregnen. Hopes Lächeln ist verschwunden. Der Hund klappt die Ohren nach hinten und zieht den Schwanz ein. Panisch sieht sich Hope nach einer Versteckmöglichkeit um. Doch weit und breit ist nichts außer der weißen Winterlandschaft. Die beiden sind mitten auf einem Feld fernab der Ortschaft. Auch Jana wird ein wenig mulmig zumute. Sie weiß nicht so recht, was sie nun machen soll.
In ihrer Not wendet sie sich an Gott: „Bitte, hilf uns."
Dann wendet sich Jana wieder Hope zu: „Komm, wir laufen schnell runter zur Schutzhütte."
Schnellen Schrittes laufen die beiden den weiten Weg bis zur Hütte. Als Jana prüfend den Himmel betrachtet, fällt ihr ein weißer Lichtkegel auf, der über ihr und Hope schwebt. Dieser Lichtstrahl begleitet sie, bis sie an der Schutzhütte angekommen sind.
Während sich Hope und Jana dicht aneinanderkuscheln, muss Jana lächeln: „Ich wusste, dass es dich gibt. Danke für deinen Schutz", sagt sie zu Gott und gibt Hope einen Kuss.

Gesprächsleitfaden

Das Schneegewitter

Themen Glaube, Gott

Frageimpulse

? Was machen Jana und Hope im Schnee? • Was geschieht, als Jana und Hope gerade riesig viel Spaß im Schnee haben? • Was macht Jana?

? ? Warum wird Jana zum Kind, wenn sie mit Hope unterwegs ist? • Was ist ein Schneegewitter? • Jana sieht einen weißen Lichtkegel, der sie zur Schutzhütte begleitet. Was denkt sie, was das ist?

? ? ? Was glaubst du: Wie fühlen sich Jana und Hope, als sie im Schneegewitter unterwegs sind? • Warum ist es gefährlich, bei Gewitter draußen zu sein? • Jana denkt, dass Gott sie beschützt hat. Wie denkst du darüber? • Glaubst du an Gott?

© Black Brush | Fotolia.com

45 Der alte Mönch und der Tee

Vor langer Zeit lebte ein alter Mönch. Er war Buddhist und lebte gemeinsam mit anderen Mönchen in einem Kloster. Das Kloster lag weit oben auf einem Berg. Nur sehr selten kam hier jemand vorbei.

Die Mönche genossen ihr Leben im Kloster sehr. Sie meditierten, bauten ihr Essen an, kochten gemeinsam und sorgten für ihr Wohlergehen. Eines Tages kam ein junger Mann zum Kloster. Er hatte sich verlaufen und wollte nach dem Weg fragen.

„Gott sei Dank bin ich hier gelandet. Ich bin von einem Tiger verfolgt worden und kam von meinem Weg ab. Nun weiß ich nicht mehr, wie ich nach Hause finden soll“, erklärte der junge Mann.

Der alte Mönch schmunzelte. Er goss etwas Tee in eine Tasse und gab sie dem jungen Mann. Doch der lehnte ab.

„Oh, nein. Ich muss so schnell wie möglich nach Hause zu meiner Arbeit“, meinte der junge Mann und war sichtlich nervös.

Der Mönch hielt dem Mann die Tasse weiterhin vor die Nase. Da wurde der junge Mann zornig.

„Was soll denn das? Ich will keinen Tee trinken, sondern nach Hause!“, schnauzte er den Mönch an.

Der Mönch schmunzelte nur und sprach kein Wort. Da nahm der Mann die Tasse und warf sie auf den Boden.

„Ich glaube, hier spinnen alle. Ich bin eben fast von einem wilden Tier gefressen worden und nun soll ich hier Tee trinken?“

„Der Tiger hat dich nicht von deinem Weg abgebracht. Das warst du selbst“, erklärte der Mönch. „Du bist von deinem Weg abgekommen, weil du nicht bei dir selbst warst. Du hast deinen Gedanken nachgehangen und über die Zukunft und die Vergangenheit nachgedacht. Wärst du bei dir selbst gewesen, so hättest du den Tiger schon viel früher bemerkt. Der Tee, mein Lieber, soll dich nur für deinen Heimweg stärken und dir helfen, dich zu entspannen.“

Gesprächsleitfaden

Der alte Mönch und der Tee

Themen Glaube, Buddhismus, Achtsamkeit

Frageimpulse ? Was machten die Mönche im Kloster? • Was wollte der junge Mann im Kloster? • Wie reagierte der Mönch? • Warum wurde der junge Mann wütend?

? ? Was ist ein Kloster? • Was ist ein Mönch? • Was ist Meditieren? • Die Mönche haben sich im Kloster selbst versorgt. Sie hatten dort aber auch sehr viel Zeit für sich, in der sie an nichts dachten. Sie haben ihre Gedanken vollkommen abgestellt. Wie stellst du dir das vor?

? ? ? Die Mönche waren Buddhisten. Was weißt du über diese Religion? • Wie stellst du dir das Leben der Mönche im Kloster vor? • Was meint der Mönch, wenn er sagt: „Du bist von deinem Weg abgekommen, weil du nicht bei dir selbst warst. Du hast deinen Gedanken nachgehangen und über die Zukunft und die Vergangenheit nachgedacht. Wärst du bei dir selbst gewesen, so hättest du den Tiger schon viel früher bemerkt."?

46 Bunte Lichter

Langsam verschwindet die Sonne hinter den großen Bäumen am Ende der Straße. Auf diesen Augenblick hat Andre bereits den ganzen Tag gewartet. Nun wird es nicht mehr lange dauern, bis er endlich gemeinsam mit seinen Freunden und den vielen anderen Kindern losziehen kann.

„Los, Papa, beeil dich. Es geht gleich los", drängelt Andre, dem wie immer alles nicht schnell genug gehen kann.

Papa schmunzelt, während er sich die dicke Winterkleidung überzieht. Währenddessen wartet Andre, bereits fertig angezogen, im Flur.

Als Papa nach einer gefühlten Ewigkeit endlich fertig ist, gehen sie gemeinsam los. Auf der Straße haben sich bereits andere Kinder mit ihren Eltern eingefunden. Begleitet werden sie von strahlenden Sonnen, Raumschiffen, Igeln, Katzen und allerlei anderen bunten Laternen.

„Wie schön feierlich das aussieht", findet Andre.

Er ist schon groß und darf deshalb eine Fackel tragen. Sie brennt allerdings noch nicht. Andre darf sie erst anzünden, wenn sie bei den Feuerwehrleuten angelangt sind.

Als sie am Treffpunkt ankommen, sind schon jede Menge Menschen da. Überall leuchten bunte Lichter. Andre darf zusammen mit den anderen Großen ganz vorne laufen, direkt hinter den Feuerwehrleuten. Hinter ihm und seinen Freunden reihen sich die bunten Laternenkinder ein. Ganz zum Schluss läuft die Musikkapelle. Gemeinsam ziehen sie in dieser großen Menschenschlange und all den bunten Lichtern durch den gesamten Ort. Da Andre in der Schule jede Menge Sankt-Martins-Lieder gelernt hat, kann er kräftig mitsingen. Dabei ist es auch egal, dass der ein oder andere ein wenig schief singt. Auf die Freude kommt es an und die ist bei allen großen und kleinen Menschen in diesem Sankt-Martins-Umzug grenzenlos.

Gesprächsleitfaden

Bunte Lichter

Themen Sankt Martin, Bräuche

Frageimpulse ? Worauf freut sich Andre? • Was darf Andre beim Umzug tragen? • Was haben die anderen Kinder dabei? • Wer geht alles bei dem Umzug mit?

? ? Wieso freut sich Andre so auf den Sankt-Martins-Umzug? • Warum darf Andre die Fackel erst anzünden, wenn die Feuerwehrleute da sind? • Hast du auch schon einmal eine Laterne getragen? Wie sah sie aus? • Hast du auch schon einmal bei einem Umzug mitgemacht? Wie war das?

? ? ? Was glaubst du: Warum startet der Sankt-Martins-Umzug erst, wenn es dunkel ist? • Was feiern die Menschen eigentlich beim Sankt-Martins-Umzug? • Wer war Sankt Martin? • Warum ist Sankt Martin ein Heiliger?

47 Die heilige Barbara

Vor langer Zeit lebte ein kleines Mädchen namens Barbara. Sie wohnte in einem großen Haus und hatte einfach alles, was sie sich wünschte. Was auch immer sie haben wollte – ihr Vater kaufte es für sie. Das kleine Mädchen besaß so viele Spielsachen, dass sie ein ganzes Zimmer damit füllen konnte.
Doch trotzdem war Barbara nicht glücklich. Ihr fehlte etwas Wichtiges in ihrem Leben. Doch sie wusste nicht, was es war.

Eines Tages hörte sie, wie Menschen über Gott sprachen. Das kleine Mädchen hörte aufmerksam zu. Die Leute erzählten, dass Gott alles und jeden liebt, egal was auch geschieht. Gott ist immer an der Seite der Menschen, auch wenn sie ihn nicht sehen können.
Barbaras kleines Herz schlug wilde Purzelbäume. Endlich wusste sie, was ihr all die Zeit gefehlt hatte. Nun, wo sie endlich wusste, dass es Gott gibt, war Barbara zum ersten Mal in ihrem Leben so richtig glücklich. Es fühlte sich ganz warm in ihrem Herzen an. Du musst nämlich wissen, dass damals nicht so viele Menschen von Gott wussten. Die Menschen, die an Gott glaubten, mochte damals niemand leiden. Viele Leute verfolgten sie sogar. Auch Barbaras Vater gehörte zu diesen Menschen. Barbara wollte Gott besonders nah sein. Deshalb ließ sie sich taufen.

Als ihr Vater davon erfuhr, war er außer sich vor Wut. Er war so böse auf seine Tochter, dass er sie sogar ins Gefängnis bringen ließ. Damals wurden Christen nämlich eingesperrt, weil es verboten war, den Lehren Christi zu folgen. Im Gefängnis fand Barbara einen kleinen Zweig. Sie stellte ihn ins Wasser und fühlte sich plötzlich gar nicht mehr allein. Sie wusste, dass Gott ihr diesen Zweig geschickt hatte, um ihr zu zeigen, dass er immer bei ihr ist.

Gesprächsleitfaden

Die heilige Barbara

Themen Heilige Barbara, Bräuche

Frageimpulse ? Warum war Barbara nicht glücklich? • Wie dachte Barbara über Gott? • Was hielt ihr Vater von Gott? • Warum ließ sich Barbara taufen?

? ? Was, denkst du, hat Barbara als Kind alles besessen? • Was dachten viele Menschen damals über Gott? • Wie denkst du darüber, dass Barbaras Vater sie ins Gefängnis bringen ließ? • Bei vielen Christen ist es heute noch Brauch, einen Kirschzweig am Barbaratag (04.12.) ins Wasser zu stellen. An Weihnachten blüht dieser Zweig dann. Was glaubst du: Warum machen die Menschen das?

? ? ? Barbara kann den ganzen Reichtum nicht genießen. Obwohl sie alles besitzt, ist sie nicht glücklich. Wie denkst du darüber? • Was glaubst du: Wie würdest du dich fühlen, wenn du alles hättest, was du dir wünschst? • Warst du schon einmal auf einer Taufe? Was geschieht dort? • Wie denkst du über Gott?

48 Kekse für den Nikolaus

„Opa Hans, heute kommt der Nikolaus!“, ruft Niko, während er seinem Opa zur Begrüßung um den Hals fällt.
Opa Hans lacht. Er freut sich mit seinem Enkel.

Hans erinnert sich an die Zeit, als er selbst noch ein kleiner Junge war. Als Hans so alt war wie Niko, hatte er immer auch ein bisschen Angst vor dem Nikolaus. Naja, hauptsächlich hatte er Angst vor dessen Gehilfen Knecht Ruprecht. Hans' Eltern ermahnten ihre Kinder früher das ganze Jahr über, bloß schön artig zu sein.
„Hör auf, sonst kommt Nikolaus mit seinem Freund Knecht Ruprecht, und steckt euch in den Sack“, hatte Mutter immer gesagt, wenn Hans etwas anstellte.
Dann hörte Hans sofort auf, denn er wollte ja keinen Ärger mit Knecht Ruprecht und mit seiner Mutter auch nicht.
Am Nikolausabend putzte Hans seinen schwarzen Lederstiefel. Dabei gab er sich besonders viel Mühe. Schließlich wollte er ja, dass der Nikolaus ihm etwas hineinlegte.
Als der Stiefel herrlich glänzte, stellte Hans ihn hinaus vor die Haustür. Er vergaß auch nicht, ein Glas Milch und einige Kekse mit dazuzustellen. Das machte Hans immer so. Schließlich hatte der Nikolaus bestimmt Hunger, wenn er kam.
Dann ging Hans zu Bett. Vor lauter Aufregung konnte er nicht einschlafen. Jedes noch so kleine Geräusch ließ ihn aufschrecken. Ob das wohl der Nikolaus war? Allzu gerne würde er den Mann mit dem weißen Bart und dem roten Mantel einmal persönlich treffen. Was er wohl sagen würde?

Über all diesen Gedanken schlief Hans schließlich doch ein. Als er erwachte, war es bereits Morgen. Dicke Eisblumen zierten die Fenster des Kinderzimmers, das er sich mit seinen drei Geschwistern teilte. Die anderen Kinder schliefen noch. Doch Hans konnte nicht länger im Bett liegen bleiben. Leise stand er auf, um seine Geschwister nicht zu wecken. Doch das war gar nicht so einfach, denn alle Kinder teilten sich ein großes Bett.
Während Hans seinen dicken Pulli anzog, blinzelte ihn seine jüngste Schwester Roswitha aus den Augenwinkeln an.
„Nikolaus da?“, fragte die Zweijährige.
„Lass uns nachsehen“, ermunterte Hans seine kleine Schwester.
Während er der Kleinen beim Anziehen half, wachten auch nach und nach die übrigen Geschwister auf. Ein buntes Treiben entstand, als alle rasch aus dem großen Bett hüpften und ihre Hosen, Pullover, Strümpfe und Schuhe suchten.

Endlich war es so weit. Alle waren angezogen und stürmten die große Holztreppe hinunter zur Haustür. Hans seufzte. Eigentlich hatte er in Ruhe nachsehen wollen, ob der Nikolaus schon da gewesen war. Doch in einer großen Familie ist Ruhe ein Fremdwort. Hans' große Schwester Elfriede war als Erste an der Haustür angelangt. Mit großem Schwung riss sie diese auf.

Erwartungsvoll schauten alle Kinder hinaus. Tatsächlich! Der Nikolaus war da gewesen. Mit großer Freude holten alle ihre Stiefel herein. Sie staunten über die roten Äpfel und die zahlreichen Walnüsse, die der Nikolaus ihnen in die Stiefel gelegt hatte. Mhm, wie das duftete!

Ein jeder nahm seinen Stiefel mit hinein und präsentierte ihn stolz der Mutter, die bereits in der Küche das Wasser zum Waschen erwärmte. Die Kinder freuten sich sehr.

Nur einer war noch vor der Haustür. Es war Hans, der schmunzelnd den leeren Keksteller hereinholte und sich darüber freute, dass er dem Nikolaus auch eine kleine Freude bereiten konnte.

Gesprächsleitfaden

Kekse für den Nikolaus

Themen Nikolaus, Tradition

Frageimpulse

? Worauf freut sich Niko? • Warum putzte Opa Hans als kleiner Junge seinen Stiefel? • Was fand Opa Hans in seinem Stiefel?

? ? Hast du auch schon einmal etwas vom Nikolaus bekommen? Was war das? • Welche Nikolausbräuche gab es bei Opa Hans zu Hause? • Wie stellst du dir Nikolaus und Knecht Ruprecht vor?

? ? ? Was weißt du über den Nikolaus? • Wer war Knecht Ruprecht? • Würdest du dich auch so über Äpfel und Walnüsse freuen wie Hans und seine Geschwister?

© Daniel Ernst | Fotolia.com

49 Jesu Geburt

Vor langer Zeit lebte ein Mann namens Augustus. Er war der Herrscher über das gesamte römische Reich. Das Land, das ihm gehörte, war unvorstellbar groß.

Eines Tages hatte Augustus eine Idee. Er wollte wissen, wie viele Menschen in seinem Reich lebten. Sie alle sollten nämlich Steuern zahlen und ihre Namen wurden dafür in ein Buch eingetragen.
Für diese Volkszählung mussten alle Leute jeweils in den Ort wandern, in dem sie geboren worden waren. Auch ein Mann namens Josef musste gemeinsam mit seiner Frau Maria an dieser Menschenzählung teilnehmen. Dazu mussten sie nach Bethlehem gehen.
Das war damals gar nicht so einfach für die beiden, denn Maria war schwanger und würde bald ihr Kind bekommen. Heute würden wir uns einfach in ein Auto oder Flugzeug setzen. Oder wir würden einfach mit der Bahn fahren. Doch all dies gab es damals noch gar nicht. Also blieb den beiden nichts anderes übrig, als den weiten Weg zu Fuß zu gehen.

Auch viele andere Leute mussten nach Bethlehem gehen. Als Maria und Josef dort ankamen, war die Stadt mit Menschen übersät. Nirgendwo fanden die beiden ein Zimmer, in dem sie die Nacht verbringen konnten. Letztendlich machten sie es sich, so gut es ging, in einem Stall gemütlich.
Dort, inmitten all der Tiere, brachte Maria ihren Sohn zur Welt.

Währenddessen passten einige Hirten in der Nähe auf ihre Schafe auf. Plötzlich kam ein Engel zu ihnen. Die Hirten bekamen einen großen Schreck und fürchteten sich sehr.
Der Engel beruhigte sie und sagte: „Ihr braucht keine Angst zu haben. Ich möchte euch etwas ganz Tolles erzählen. Heute ist in Bethlehem ein Kind namens Jesus geboren. Es wird die Welt verändern und euch retten. Ihr werdet es in einem Stall in Bethlehem finden."
Plötzlich kamen noch weitere Engel hinzu. Sie alle lobten Gott und verschwanden dann wieder.

Die Hirten machten sich sofort auf den Weg nach Bethlehem. Sie wollten mit eigenen Augen sehen, ob Jesus dort wirklich geboren war.
Und tatsächlich: Die Engel hatten die Wahrheit gesagt. Als die Hirten im Stall ankamen, sahen sie Jesus in einer Krippe liegen. Und sie spürten, dass der Engel Recht gehabt hatte und dieses Kind die Welt verändern würde.

Die Hirten waren so begeistert, dass sie allen Menschen, die sie trafen, davon erzählten. Damals gab es nämlich noch kein Telefon oder Handy. So konnten die Hirten niemanden anrufen, um von Jesu Geburt zu berichten. Trotzdem verbreitete sich die tolle Nachricht sehr schnell.

(frei nach LK 2, 1-20)

Gesprächsleitfaden

Jesu Geburt

Themen Weihnachten, Jesu Geburt

Frageimpulse ? Warum wollte Augustus die Menschen in seinem Reich zählen?
• Warum mussten Josef und Maria zu Fuß nach Bethlehem gehen?
• Wer erzählte den Hirten von Jesu Geburt?

? ? Wie stellst du dir den Stall vor, in dem Josef und Maria die Nacht verbrachten? • Stell dir vor, du wärest einer der Hirten. Was denkst du, als die Engel zu dir kommen, um dir von Jesus Geburt zu erzählen? • An das Ereignis aus der Geschichte denken Christen, wenn sie Weihnachten feiern. Wie feierst du Weihnachten?

? ? ? Was ist ein Herrscher? • Was weißt du über Jesus? • Die Geschichte über Jesu Geburt stammt aus der Bibel. So nennen Christen ihr heiliges Buch. Wie denkst du über die Geschichte? • Dieses Kind, das damals zur Welt kam, ist nach christlichem Glauben Gottes Sohn. Ihm zu Ehren feiern wir Weihnachten. Was bedeutet Weihnachten für dich?

50 Die Ostervorbereitungen

Antonia sitzt mit Mama am großen Tisch im Wohnzimmer. Gemeinsam färben sie Eier für das Osterfest. Antonia liebt es, mit Mama die noch warmen Eier bunt zu verzieren. In diesem Jahr hat sie sich besonders schöne Muster überlegt. Antonia malt Herzen, Blumen und sogar Osterhasen auf die Eier.

Als sie fertig sind, betrachten Mama und Antonia gemeinsam ihr tolles Werk. „Die Eier sind wunderschön – fast zu schade zum Essen", finden die beiden und müssen kichern.
Doch viel Zeit zum Ausruhen bleibt nicht, denn Mama und Antonia haben heute noch viel vor. Nun wird es Zeit, ein Osterlamm zu backen. Dafür bereitet Mama schon einmal den Teig vor, während Antonia die Backform spült. Das macht sie zwar nicht so gerne, aber Mama hat ihr versprochen, dass sie dafür den Teig hineinfüllen darf und das ist für Antonia ein fairer Deal. Dann kann sie nämlich auch gleich etwas davon probieren. Mhm, wie lecker der Teig bereits schmeckt!

Während der Kuchen im Ofen ist, geht Antonia in den Garten hinaus. Mama hat sie gebeten, schon mal etwas Moos zu sammeln. Damit wollen sie ihre gebastelten Osternester auspolstern. Dann kann der Osterhase all die leckeren Schokoladeneier hineinlegen, ohne dass sie zerbrechen. Die Nester basteln Mama und Antonia aus Pappe. Mama hat dafür eine tolle Vorlage gefunden.
Beim Basteln fallen Antonia schon fast die Augen zu. Immerhin hat sie gemeinsam mit Mama schon den ganzen Tag Vorbereitungen für Morgen getroffen. Doch eine Sache beschäftigt Antonia schon die ganze Zeit. Nun muss sie die Frage endlich loswerden.
„Du, Mama? In der Schule hat Paul gesagt, dass wir Ostern feiern, weil das irgendwas mit Jesus zu tun hat. Stimmt das?"
Mama nickt. „Ja, das ist richtig. An Ostern erinnern wir uns daran, dass Jesus für uns Menschen gestorben ist."
Darüber muss Antonia erst mal nachdenken. Aber dafür hat sie ja nun jede Menge Zeit, denn nach diesem anstrengenden Tag geht sie ganz freiwillig schlafen.

Gesprächsleitfaden

Die Ostervorbereitungen

Themen Ostern, Osterbräuche

Frageimpulse ? Warum färbt Antonia mit ihrer Mama Eier? • Welche Muster wählt Antonia aus? • Welche Frage stellt Antonia ihrer Mama?

? ? Hast du auch schon mal Ostereier gefärbt? • Gibt es in deiner Familie auch Osterbräuche? Wenn ja, welche? • Was feiern Christen an Ostern? • Antonia bekommt Schokoladeneier zu Ostern. Hast du auch schon einmal etwas zu Ostern bekommen? Was war das?

? ? ? Warum bekommen Kinder eigentlich etwas zu Ostern?
• Antonias Mama sagt: „An Ostern erinnern wir uns daran, dass Jesus für uns Menschen gestorben ist." Was könnte sie damit meinen?
• Was weißt du über das christliche Osterfest?

51 Ada und die Frau ohne Zuhause

Ein kalter Wind schlägt Ada ins Gesicht, während feiner Nieselregen auf sie und ihre Familie hinunterrieselt. Doch das unangenehme Wetter stört weder Ada noch den Rest ihrer Verwandtschaft. Sie kommen gerade aus der Moschee. Das gemeinsame Gebet war heute besonders festlich. Ada liebt die besinnliche Andacht am Zuckerfest.
Das Zuckerfest ist sowieso das größte Highlight für Ada und ihre Geschwister. Es gab den gesamten Ramadan über weder Kuchen noch andere Süßigkeiten und nun, am Zuckerfest, gibt es alles in Hülle und Fülle.
Sogar Geschenke haben die Kinder bekommen. Ada drückt ihre neue Puppe glücklich an sich. Es ist die schönste Puppe der ganzen Welt.

Aus den Augenwinkeln beobachtete Ada eine alte Frau auf der anderen Straßenseite. Sie wühlt aufgeregt in einem Einkaufwagen herum. Auch Adas Bruder Ergün hat die Frau bemerkt.
Er rümpft die Nase und schreit: „Iih, die stinkt aber!"
Als er auch noch mit dem Finger auf die Frau zeigt, bekommt er sofort Ärger von Mama.
„Hey, Ergün! Hör sofort auf. Die arme Frau ist obdachlos. Das ist bei diesem Wetter schon schlimm genug. Da braucht sie sich nicht auch noch deine Beleidigungen anzuhören", schimpft Mama.
Auch Papa schaut Ergün böse an.
Die obdachlose Frau winkt ab.
„Seien Sie nicht so hart mit dem Jungen. Er hat ja Recht. Ich müffel wirklich ein bisschen", fügt sie lächelnd hinzu.
Dann fällt ihr Blick auf Adas Puppe.
„Oh, meine Kleine, was hast du denn da für eine wundervolle Puppe?", will die Frau wissen.
„Das ist Annika. Ich habe sie zum Zuckerfest bekommen", erklärt Ada stolz.
„Das ist ein sehr schönes Geschenk", nickt die Frau mit einem wehmütigen Lächeln.
„Bist du traurig?", will Ada prompt wissen.
„Ein bisschen", antwortet die Frau mit einem Zwinkern. „Weißt du, ich hatte auch einmal eine so tolle Familie wie du. Wir haben in einem schönen Haus gewohnt und das Leben genossen. Doch dann war plötzlich alles anders. Nun lebe ich hier auf der Straße. Ich schlafe dort hinten unter einer Brücke. Alles, was ich besitze, ist in diesem Einkaufswagen."
Ada schaut in den Wagen. Dort befindet sich nichts außer einer Decke, einem Paar Schuhe und leeren Flaschen.

„Bist du denn nicht manchmal einsam?", fragt nun auch Ergün.
Ihm ist es inzwischen peinlich, dass er eben das mit dem Stinken gesagt hat.
„Doch, schon. Aber dann erinnere ich mich an so schöne Begegnungen wie mit euch beiden und dann geht es mir schnell besser", antwortet die Frau.
„Hier. Nimm Annika. Sie kann dir Gesellschaft leisten. Dann bist du nicht mehr so alleine", erklärt Ada und drückt der fremden Frau ihre Puppe in die Hand.
„Dieses Geschenk kann ich nicht annehmen", meint die Frau.
„Doch, das kannst du. Annika ist froh, wenn sie bei dir leben kann. Ich habe zu Hause ja noch andere Puppen", meint Ada.
Da rollen plötzlich große Tränen über die Wangen der Frau.
„Das ist das schönste Geschenk, da ich je bekommen habe. Ich danke dir von ganzem Herzen."
Völlig gerührt, drückt die erwachsene Frau die Puppe ganz fest an sich.

Noch lange an diesem Abend muss Ada an die Frau denken. Ergün kann nicht verstehen, dass Ada ihr die Puppe geschenkt hat.
„Das war doch dein Geschenk. Das kannst du doch nicht weiterverschenken. Jetzt hast du ja selbst nichts mehr", meint er immer wieder kopfschüttelnd.
Doch Ada weiß, dass es richtig war, die Puppe weiterzuverschenken. Nun ist die obdachlose Frau nicht mehr ganz so alleine und Ada hat ja immer noch ihre Familie.

Gesprächsleitfaden

Ada und die Frau ohne Zuhause

Themen Islam, Id al-Fitr (Zuckerfest), Spenden, Armut, Wohltätigkeit, Mitgefühl

Frageimpulse ? Was hat Ada zum Zuckerfest bekommen? • Wie reagieren die Eltern, als Ergün sagt, die obdachlose Frau würde stinken? • Was erzählt die Frau über ihr Leben? • Wie reagiert die Frau, als Ada ihr ihre Puppe schenkt?

? ? Ergün sagt, die obdachlose Frau würde stinken. Wie findest du das? • Warum schenkt Ada der Frau ihre Puppe? • Was glaubst du: Warum möchte die Frau zuerst Adas Puppe gar nicht annehmen? • Hättest du der Frau an Adas Stelle auch deine Puppe geschenkt?

? ? ? Was weißt du über das muslimische Zuckerfest? • Was ist eine Moschee? • Die Frau besitzt nur wenige Dinge. Wie stellst du dir ein Leben ohne all die Sachen vor, die du zu Hause hast? • Ergün sagt: „Das war doch dein Geschenk. Das kannst du doch nicht weiterverschenken. Jetzt hast du ja selbst nichts mehr." Wie denkst du darüber?

52 Ziegen für Afrika

Endlich ist es so weit. Das Opferfest steht vor der Tür. Murat liebt alle Feste des Islam. Doch das Opferfest ist eines seiner Lieblingsfeste. In diesem Jahr hat sich seine muslimische Gemeinde etwas Besonderes ausgedacht. Jeder, der kann, spendet etwas Geld. Davon sollen in Afrika Ziegen für das Partnerdorf gekauft werden. Sie haben so viel Geld zusammen bekommen, dass sie sogar 20 Ziegen davon kaufen können. Murat freut sich sehr darüber. Die Menschen in Afrika brauchen die Ziegen ganz dringend, um zu überleben.

Heute ist der große Tag. Die Ziegen ziehen in ihr neues Zuhause. In einem kleinen Dorf in Afrika sind alle bereits in der Morgendämmerung auf den Beinen. Schließlich kommen heute die Ziegen aus der muslimischen Gemeinde in Deutschland.
Murat verfolgt die Aufregung über einen Videochat. Auch andere Mitglieder aus seiner Gemeinde sind gekommen, um sich im Internet anzusehen, wie die Ziegen in Afrika ankommen. Als der große Lastwagen im kleinen Dorf in Afrika vorfährt, wirbelt er riesige Staubwolken auf. Darin tanzen kleine und große afrikanische Kinder vor lauter Freude. Einige von ihnen haben noch niemals zuvor Ziegen gesehen und sind schon sehr gespannt auf die neuen Dorfbewohner.
Neugierig beobachten die Kinder vor Ort und Murat vor dem Bildschirm, wie die Tür des Lastwagens geöffnet wird. Über die große Laderampe hüpft eine Ziege nach der anderen ins Freie. Die Menschen lachen und klatschen vor Freude in die Hände.
Murat ist von diesem Anblick ganz ergriffen. Was gibt es Schöneres, als anderen Menschen eine solche Freude zu bereiten?

© cynoclub | Fotolia.com

Gesprächsleitfaden

Ziegen für Afrika

Themen Islam, Id al-Adha (Opferfest), Spende

Frageimpulse ? Worauf freut sich Murat? • Warum sind die Menschen in dem afrikanischen Dorf so aufgeregt? • Was denkt Murat, als er sieht, wie sehr die Menschen sich über die Ziegen freuen?

? ? Warum kauft die muslimische Gemeinde Ziegen für ein Dorf in Afrika? • 20 Ziegen sind in Afrika sehr viel wert. Was glaubst du: Wie denken die Bewohner über dieses großzügige Geschenk? • Hast du auch schon einmal etwas gespendet?

? ? ? Was weißt du über das Opferfest? • Murat denkt: ‚Was gibt es Schöneres, als anderen Menschen eine solche Freude zu bereiten?' Wie denkst du darüber? • Was kann man alles spenden?

53 Ein Dach aus Blättern

Bam, Bam, Bam. Esther liebt es, mit dem Hammer die Nägel in das Holz zu schlagen. Dieses Geräusch ist einfach fantastisch. Sie kann sich zwar noch nicht so genau vorstellen, wie aus all diesen Brettern später eine Hütte werden soll, aber Esther vertraut ihrem Papa da voll und ganz. Schließlich hat Papa ja schon öfter eine Sukka gebaut. Das ist eine ganz spezielle Laubhütte, die extra für Sukkot, das Laubhüttenfest, gebaut wird. Sukkot ist ein wichtiges Fest im Judentum und Esther, die Jüdin ist, ist schon ganz aufgeregt: Für sie ist es ihre erste Sukka. Nach einigen Stunden sieht Esther dann auch, dass sich all die Mühe gelohnt hat. Die Hütte ist fast fertig.
Während Papa mit Onkel Edwin noch die letzten Baumaßnahmen ergreift, zieht Esther bereits mit Mama los, um jede Menge Blätter zu sammeln. Die beiden sammeln säckeweise Laub. Esther liebt es, wenn die Blätter zwischen den Fingern rascheln. Am liebsten würde sie all die Laubhaufen in die Luft werfen und herabregnen lassen. Doch das geht leider nicht, denn sie brauchen die Blätter ja für das Dach.

Als Esther und Mama im Garten ankommen, ist die Sukka auch schon fertig. Gemeinsam werfen sie die Blätter hinauf und erhalten ein wunderschönes Dach. Esther jubelt, als sie das Werk sieht. In dieser tollen Hütte werden sie nun die nächsten sieben Tage viel Zeit verbringen, denn Sukkot dauert so lange. Esther kann es gar nicht abwarten, in ihrer ersten Sukka zu feiern, zu tanzen und zu essen. Vielleicht darf sie ja sogar darin schlafen. Mal schauen, ob sie Mama und Papa dazu überreden kann.
Schließlich gibt es doch nichts Schöneres, als unter einem Dach aus Blättern zu träumen.

Gesprächsleitfaden

Ein Dach aus Blättern

Themen Judentum, Sukkot (Laubhüttenfest), Sukka (Laubhütte)

Frageimpulse

? Was baut Esther mit Papa? • Wofür baut Esther die Laubhütte? • Wie lange wird das Laubhüttenfest gefeiert?

? ? Wieso ist Esther ganz aufgeregt? • Woraus bauen Esther und Papa die Sukka?

? ? ? Sukkot ist ein wichtiges jüdisches Fest. Was weißt du darüber? • Kennst du noch andere jüdische Feste? • Das Laubhüttenfest wird sieben Tage lang gefeiert. Wie stellst du dir eine Feier vor, die so lang dauert? • Esther liebt es, Zeit in der Laubhütte zu verbringen. Was, denkst du, findet sie so toll daran?

54 Der brennende Leuchter

Dicke Schneeflocken landen sanft auf der Fensterbank und verhüllen die Bäume und Sträucher unter einer plüschig weißen Schicht. Währenddessen sitzt David gemeinsam mit Opa vor dem knisternden Kamin und betrachtet den Chanukkaleuchter. David liebt diesen jüdischen Leuchter, den Opa extra für das Lichterfest aufgestellt hat.

„Sag mal, Opa, warum feiern wir eigentlich das Lichterfest?", will David wissen.

Das siebentägige Fest hat David schon immer fasziniert. Immerhin darf er in dieser Zeit so viele Süßigkeiten essen, wie er mag, und Geschenke bekommt er auch noch.

„Also, das Lichterfest oder Chanukka, wie wir Juden es nennen, hat eine ganz lange Tradition. Damals gab es einen König, der uns Juden nicht leiden konnte. Weil er uns so sehr hasste, fing er sogar einen Krieg gegen die Juden an. Seine Soldaten waren sehr stark und gut bewaffnet und bald schon gewannen sie die Schlacht. Da der König auch etwas gegen Gott hatte und nicht an ihn glaubte, verbot er den Juden sogar das Beten. Das allerdings ließen sich die Männer und Frauen nicht gefallen. Sie wehrten sich und eroberten ihre Stadt Jerusalem zurück.

Nachdem sie alle Soldaten des Königs erfolgreich aus der Stadt geworfen hatten, wollten sie ihren Tempel wieder aufbauen. Die Soldaten hatten hier nämlich in ihrer Wut auf Gott ganz schön viel kaputt gemacht.

Der Aufbau des Tempels dauerte zwar recht lange, aber auch das bekamen unsere Vorfahren wieder hin.

Als sie den Tempel dann feierlich einweihen wollten, zündeten sie dafür die Menora an. Das ist ein Leuchter, so ähnlich wie unser Chanukkaleuchter hier auf dem Tisch. Allerdings gab es damals noch keine Kerzen. Stattdessen benutzte man Öl. Blöderweise fanden sie im Tempel aber bloß eine einzige Flasche Öl. Diese reichte gerade einmal für einen Tag. Doch wie durch ein Wunder brannte die Menora acht Tage lang", erklärt Opa.

„Wow, das ist ja cool. Jetzt verstehe ich endlich auch, warum wir jeden Tag eine Kerze am Chanukkaleuchter anzünden", freut sich David und genießt weiterhin den Blick in die Flammen.

Gesprächsleitfaden

Der brennende Leuchter

Themen Judentum, Lichterfest (Chanukka), Menora

Frageimpulse ? Wie lange dauert das Lichterfest? • Warum hat der König die Juden damals bekämpft? • Warum musste der Tempel wiederaufgebaut werden?

? ? Warum war es ein Wunder, dass die Menora acht Tage lang brannte? • Chanukka wird während der christlichen Weihnachtszeit gefeiert. Wie feierst du Weihnachten?

? ? ? An Chanukka essen gläubige Juden jeden Tag ein besonderes Festmahl. Die Kinder bekommen zum Fest Geschenke und dürfen den ganzen Tag spielen. Das Lichterfest wird während der christlichen Weihnachtszeit gefeiert. Welche Gemeinsamkeiten gibt es? • Was sind die Unterschiede zwischen Chanukka und Weihnachten?

55 Nilays Drache

Hochkonzentriert sitzt Nilay vor der Hütte, in der er mit seinen Eltern und seinen sieben Geschwistern wohnt. Die Hütte ist recht eng und viele Besitztümer haben sie nicht, doch Nilay und seine Familie lieben ihr Leben und möchten es gegen kein anderes Leben der Welt eintauschen.

Nilay hat in der großen Stadt Ahmedabad von einer alten Dame bunte Stoffreste geschenkt bekommen. Der Frau verkauft Nilay immer vor dem großen Erntefest frisches Zuckerrohr. Die alte Frau weiß, wie sehr sich Nilay einen Drachen für das Fest wünscht, und hat ihm mit den Stoffresten eine riesengroße Freude gemacht. Aus ihnen bastelt Nilay nämlich seinen ersten eigenen Drachen.
Das Drachensteigen an Makar Sankranti, dem großen hinduistischen Erntefest, ist ein ganz besonderes Highlight. All die Jahre konnte Nilay nur zuschauen.
Doch in diesem Jahr hat er einen eigenen Drachen.

Während Nilay fleißig an seinem Drachen bastelt, ist Nilays Mama mit seinen Geschwistern in der Hütte beschäftigt. Gemeinsam machen sie ganz besondere Süßigkeiten. Dazu verwenden sie das frisch geerntete Zuckerrohr, das sie mit Sesam mischen. Nilay liebt diese Tilguls. Das Rezept stammt aus Mamas Heimatstadt. Dort ist es ein alter Brauch, zu Makar Sankranti Tilguls an Nachbarn, Freunde und Verwandte zu verschenken. Inzwischen haben sich auch Nilays Nachbarn an den Brauch gewöhnt und freuen sich über die leckeren Süßigkeiten.
In diesem Jahr hat Nilay jedoch keine Zeit, seine Familie beim Verschenken zu begleiten.
Er findet es ein bisschen schade, aber schließlich muss sein Drache fertig werden.

Also ziehen seine Geschwister alleine los. Sie gehen von Hütte zu Hütte, schenken den Bewohnern die Leckereien und sagen dabei einen besonderen Satz. Übersetzt heißt er:
„Nimm dieses süße Til und sprich süße Worte."
Mama hat Nilay erklärt, was damit gemeint ist: Damit sollen die Menschen daran erinnert werden, nett zueinander zu sein und nicht schlecht über andere zu reden oder sie gar zu beschimpfen.

Als seine Geschwister alle Tils verteilt haben, ist auch Nilays Drache fertig. Nun kann es losgehen. Gemeinsam gehen alle zum großen Hügel hinauf. Dort haben sich schon jede Menge andere Leute versammelt. Auf ein Zeichen hin lassen alle ihre Drachen in die Luft steigen. Während der Stoffdrache in der Luft tanzt, ist Nilay an diesem Tag wohl der glücklichste Mensch auf Erden. Er braucht gar kein Til, um daran erinnert zu werden, das Leben und die Menschen zu ehren. Schließlich hat ihm die alte Dame die größte Freude in seinem Leben bereitet.

Gesprächsleitfaden

Nilays Drache

Themen Hinduismus, Makar Sankranti (Erntefest)

Frageimpulse ? Was bastelt Nilay aus den Stoffresten? • Was machen Nilays Geschwister, während Nilay den Drachen bastelt?

? ? Was glaubst du: Warum hat die alte Dame Nilay die Stoffreste geschenkt? • Was sind Tilguls? • Erinnerst du dich noch an den Spruch, mit dem die Tils verschenkt werden? Was ist damit gemeint?

? ? ? Nilay besitzt nicht viel. Der selbst gebastelte Drache ist sein größter Schatz. Wie wäre es für dich, wenn du all deine Spielsachen nicht hättest? • Durch die Tilguls sollen die Menschen daran erinnert werden, nett zueinander zu sein und nicht schlecht über andere zu reden oder sie gar zu beschimpfen. Wie denkst du darüber?